"A happy marriage is a long conversation which always seems too short."

Andre Maurois

작지만 / 로맨틱한 / 스몰웨딩의 / 모든 것

나의 작은 결혼식
My Small Wedding Book

김민정 지음

21세기북스

Prologue
결혼 생각 없던 두 남녀의 작은 결혼식

: Before

결혼은 미친 짓이'었'다

소싯적 나는 불콰하게 취한 밤이면 '결혼은 미친 짓'이라 외치며 잔을 부딪치곤 했다. 여초현상이 심한 회사를 주로 옮겨 다니는 동안, 나는 뭇 여성들의 지지에 힘입어 한동안 그렇게 객기를 부려댔다. 회사는 다닐 이유보다 안 다닐 이유가 훨씬 많았지만, 일에는 나름대로 흥미를 느끼고 있던 터라 당시의 나는 직업적으로 성공하고 싶은 욕구가 충천했다. 탱탱한 동기 부여로 하여금 아침잠 많은 내가 외국어 학원 새벽반에 내쳐 나가는 일도 마다치 않았다. 그러다가 돌연 여행을 떠나기도 했다. 이따금 나를 찾는 모든 것들로부터 숨어버리는 데서 왠지 모를 안도감이 들었다. 다시 돌아오면 한결 괜찮은 사람이 된 것 같은 기분이 들었는데, 내심 그걸 즐겼던 것도 같다. 조금 길게 쉬고 싶으면 아예 회사를 관두었다. 그렇게 적당히 유연한 삶이 나는 꽤 만족스러웠다. 결혼일랑 안중에 들어올 리 없었고, 통장에 돈이 모일 새도 없었다.

다녔던 회사 중 한 군데에서 복지 차원으로 직원들에게 재무설계사를 맺어 주었는데, 나의 재무설계사는 채워지기 무섭게 비는 내 통장에도, 거듭된 내 이직에도 꿋꿋하게 의리를 지키며 '결혼자금 목돈통장을 만들자'는 말 또한 꿋꿋이 밀어붙였다. 그러나 또 나는 꿋꿋하게 그 말을 새겨듣지 않았다.

'나의 결혼식'에 대해 고민하기 시작하다

그러다가 한둘씩 결혼을 했다. 개중에는 결혼은 미친 짓이라며 잔을 함께 부딪쳤던 선배며 친구도 있었다. 청첩장을 받아 들면 묘한 감정이 일었다. 아군을 잃은 허전함 따위가 아니었다. 아마도 그즈음부터 내 비혼 (미혼이 아니다! 혼인할 의지가 없다는 뜻의 비혼) 선언이 영원하지 못하리란 예감이 들었던 것 같다. 결혼이란 삶의 변곡점이 아니라 연장선일지 모른다는, 무언가를 접어야 하는 것이 아니라 잘만 하면 확장하는 것일 수도 있겠다는 생각이 내 안에 움트고 있었다. 그게 얼굴에 드러났는지 그들은 "야, 결국 다 하게 되어 있더라!"며 겸연쩍은 상황을 황급히 수습했다.

결혼식장을 드나드는 일은 해를 거듭할수록 잦아졌다. 성당, 교회, 호텔, 웨딩홀을 거쳐 어느 날엔가는 한옥에서 치러진 전통혼례에 참석하기도 했다. 그러다 문득 깨달았다. 결혼이 그저 남 일이었던 내가, 어처구니없게도 남의 결혼식을 다녀올 적마다 '나의 결혼식'을 떠올려보고 있다는 사실을! 주례 선생님 말씀이 영 곁도네, 주례 없는 결혼식을 해야겠어, 아빠가 딸에게 보내는 편지는 참 좋다, 근데 너무 슬픈걸, 아빠는 사위에게 시아버지는 며느리에게 쓰는 편지면 좋을 것 같아, 이런 식이었다.

누구나 하는 결혼, 그러나 남들 다 하는 결혼식은 싫다
신랑과는 고작 열 달 만났다. 그럼에도 불구하고 우리 관계가 쾌속 질주할 수 있었던 여러 이유 중 하나는 비슷한 '결혼관'이었다. 그 역시 딱히 결혼에 대한 생각이 없었고 결혼 자금으로 모아둔 돈도 없었으며 한 달에 두 탕 이상 결혼식을 뛰면서 (결혼 생각도 없으면서) 자신은 판에 박힌 결혼식은 하지 않겠노라 생각하고 있었다. 이런 말 하긴 뭣 하지만, 그래, 불꽃이 튀었다고 치자. 숱한 연애를 하면서도 여간해서 생기지 않던, 이 남자라면 결혼할 수 있겠다는 믿음이 머리털 나고 처음 들었다. 연애사로 말할 것 같으면 절대 뒤지지 않을 그도 상대가 나라면 평생 재미있게 살 수 있겠다는 생각을 처음으로 했단다. "결혼하자!" "그래, 까짓것 하자!" 그렇게 우리는 결혼에 합의했다.
내친김에 우리만의 특별한 결혼식을 올리자는 의견에도 합의했다. 꽤 많은 이야기가 오갔고, 내용을 정리하자면 이렇다. 첫째, '혼인을 알리는 이벤트'가 아닌 '우리가 주인공이 되는 파티'에 의미를 둔다. 둘째, 학연·지연에 엮인 의례적인 축하보다는 새 출발을 진심으로 응원해줄 가족과 소수의 절친만 초대한다. 셋째, 하객도 함께 즐기는 단란한 결혼식을 한다. 넷째, 우리가 파파 할머니·할아버지가 되어서도 반추하며 웃을 수 있는 추억을 만든다. 다섯째,

그러므로 결혼식의 A to Z는 철저히 셀프 시스템을 가동한다.
이른바 '우리만의 작은 결혼식'을 올리기로 한 것이다. 우리다운 결혼식을 올리겠다는 다짐은 '너니까 결혼하겠다'는 결심만큼이나 강렬했다. 결국 누구나 다 하게 되어 있다는 결혼이라지만, 결혼식은 결코 남들 다 하는 대로 하고 싶지 않았다.

: After

스몰웨딩은 숨은 정보 찾기!

결혼식을 준비하는 동안 뭐가 가장 힘들었냐고 묻는다면, 결혼식이 끝날 때까지 우리가 잘하고 있는지 알 수 없었다는 점이라 답할 것이다. 처음부터 '망해도 좋으니 하고 싶은 대로 판을 벌여보자!' 하긴 했지만, 막상 확신 없이 목돈을 들여 판을 벌이려니 적잖은 내적 갈등을 겪어야 했다.

그럴 때면 내 행동에 정당성을 부여해줄 스몰웨딩의 모범 사례가 간절히 필요했다. 그러나 그런 정보는 있는 것도, 그렇다고 없는 것도 아니었다. 자신만의 의미 있는 결혼식을 올린 국내외 사례들이 인터넷에 드문드문 있기는 했지만, 모조리 흩어져 있는 바람에 내가 찾으면 정보가 있는 것, 못 찾으면 없는 것이나 마찬가지였다.

바지런히 모은 정보들은 '나의 작은 결혼식'에 날개를 달아주었다. 어디까지나 나만의 결혼식이므로 그것을 그대로 본뜰 수는 없고 그래서도 안 되었지만, 그림이 그려지지 않거나 아이디어가 고갈될 때면 그만큼 유용한 게 없었다. 물이 나올 듯 말 듯할 때 한 바가지 부어주는 마중물 같달까? 힌트를 얻으면 다시금 아이디어가 콸콸 쏟아졌다. 그 맛에 중독돼 나는 매일 아침 (엄마의 표현대로라면) 고3 수험생 모드로 엄청난 검색 신공을 발휘해 '숨은 정보 찾기'에 나서곤 했다. "니들 좀 모여 있으면 안 되겠니?!"를 목 놓아 외치면서! 그러나 그 수고를 하면서도 그렇게 흩어져 있는 정보들을 내가 직접 모아볼 생각은 미처 하지 못하고 있었다.

스몰웨딩 열풍 속 스몰웨딩의 주인공이 되다
그런 마음을 먹은 건 우연한 기회였다. 나의 결혼식을 정확히 일주일 앞두고 배우 원빈·이나영이 결혼을 한 것이다. 그들의 소박한 밀밭 결혼식은 영화처럼 로맨틱했고, 덩달아 '스몰웨딩'이 '핫한 트렌드'로 떠올랐다. 본의 아니게 나는 스몰웨딩이 가장 주목받는 시점에 스몰웨딩을 올리는 주인공이 되었고 나의 결혼식에 참석한 하객들은 책을 한번 써보라고 부추겼다.

'네 결혼식 참 좋았다!'는 뜻으로 기분 좋게 넘겨들은 그 말을 제대로 곱씹은 건 신혼여행을 다녀와 결혼식 준비로 어지러워진 컴퓨터를 정리하면서였다. 바탕화면을 가득 채운 난잡한 폴더들, 질서 없이 저장해둔 즐겨찾기 목록, 틈틈이 기록해둔 온갖 메모들을 차마 클릭 몇 번으로 후딱 지울 수는 없었다. 내겐 더 이상 필요 없는 자료들이지만 잘만 정리하면 누군가에게는 요긴한

정보일지도 몰랐다. '니들 좀 모여 있으면 안 되겠니!' 속으로 부르짖던 숱한 날들이 오버랩됐다. 그래, 까짓것 내가 한번 모아보자.

단순히 모으기만 할 요량으로 호기롭게 시작한 작업은 출판으로 이어지면서 점차 일이 커졌다. 결혼식은 빈틈이 있어도 땜질로 메우고 넘어가면 그만이었지만, 책은 그럴 수가 없었다. 최대한 알차게, 조목조목 상세하게 담아내야 했다. 나는 또다시 고3 수험생 모드로 '스몰웨딩에 대한 A to Z'를 정리해 나가기 시작했다. 실제 결혼식을 '준비'하는 데는 한 달이 걸렸는데, 결혼식을 '쓰는' 데는 다섯 달이 걸렸다. 자신의 결혼식에 웨딩플래너가 되어달라는 친구에게 말없이 책만 들이밀어도 부끄럽지 않을 만큼 탄탄한 '바이블'을 만들고 싶었다.

물론, 이 책이 무조건적인 정답이 될 수는 없을 것이다. 작은 결혼식은 신랑·신부 두 사람만의 고유한 이야기를 담아낼수록 그림이 그윽해지기 때문이다. 그러나 무언가 나올 듯 말 듯할 때 시원하게 뻥 뚫어주는 마중물 같은 역할은 해주리라 믿는다. 나 역시 이런 책이 있었다면 매일 아침 눈곱만 떼고 앉아 끝이 보이지 않는 인터넷 망망대해를 헤집고 다니는 일 따위 하지 않아도 되었을 테니까.

스몰웨딩을 준비하는 예비부부에게

여배우가 결혼이라도 하면 방송에서는 식장이며 드레스까지 앞다투어 파헤

친다. 특급호텔에서 디자이너의 드레스를 입고 톱스타 하객들을 초대해 근사한 식사를 대접하는 데 드는 돈은 수십억 수준. 뭐, 그네들이야 다른 세상에 사는 사람들이라고 치자. 그러나 웨딩 시즌마다 발표되는 신혼부부들의 평균 결혼 비용도 억 단위는 훌쩍 넘는다. 억! 단 한 번 만져본 일조차 없는 내겐 공룡 같은 액수. 사람들은 남들보다 특별한 결혼식, 남들에게 부끄럽지 않은 결혼식을 치르기 위해 어마어마한 돈을 당연하게 쓰고 있다. 마치 오늘이 마지막인 것처럼 펑펑. 결혼식은 끝이 아니라 시작에 불과한데!

작은 결혼식을 하기로 마음먹는 이유는 아마 대개 비슷할 것이다. 합리적이고 실속 있는 소비를 하겠다는 것, 그리고 신랑·신부가 주인공이 되는 우리만의 오롯한 파티를 열고 싶다는 것. 그 두 가지 신념만 확고하다면 작은 결혼식을 시도할 명분은 충분하다.

우리네 문화는 관습, 관례에 유난히 엄격한 탓에 스몰웨딩을 준비하다 보면 수많은 난관과 훈수에 시달려야 한다. 초심은 이럴 때를 위해 존재한다. 작은 결혼식을 하기로 마음먹은 이유를 기억하고, 이 결혼은 그 누구도 아닌 '나의' 결혼식이라는 사실을 떠올리면 위태롭게 흔들릴 일이 없다. 나의 결혼식에 나보다 열정적으로 일할 수 있는 사람은 없다. 우직하게 밀고 나간 나의 결혼식은 그만큼 의미 있게 보답할 테고, 못 미더워하던 하객들은 감동한 나머지 오히려 '스몰웨딩 전도사'를 자처하고 나설지도 모른다.

만약, 처음부터 끝까지 작은 결혼식을 고집하는 게 여건상 어렵다면 챕터 2

의 셀프 웨딩 촬영이나 챕터 3의 테이블 스타일링 부분 등을 취사선택해 본인의 결혼식에 차용해도 무방하다. 반드시 전 과정을 '직접' 해야만 작은 결혼식의 의미를 느낄 수 있는 건 아닐 테니까. 일부만이라도 내 손으로 꾸며보면 결혼식의 의미는 훨씬 살갑게 다가올 것이다. 저마다의 상황과 예산에 맞게 이 책을 활용할 수 있도록 결혼식의 전 단계를 가능한 한 세부적으로, 가능한 한 세심하게 정리하려고 노력했다.

Simple is the best

결혼 전부터 불화의 원인이 되기도 하는 혼수나 예단부터 황금 같은 주말에 얼굴 비치러 부러 걸음 해야 하는 하객 부담까지 결혼식은 걷어낼수록 풍성해진다. 그러고 나면 진짜 봐야 할 것들이 보인다. 나와 기나긴 인생길을 함께 걸어갈 한 사람의 얼굴을 깊이 들여다볼 수 있고, 우리의 새 출발을 진심으로 축복하고 응원해주는 가족과 절친들의 뜨거운 눈빛을 마음에 새길 수 있다. 마지막으로 부부가 평생토록 간직할 또 하나의 이야깃거리를 얻을 수 있다. 그래서 나는 조금 바쁘더라도, 조금 모자라더라도 '신랑·신부가 스스로 꾸미는 작은 결혼식'을 더 많은 커플이 실현했으면 하는 바람이다.

CONTENTS

PROLOGUE 결혼 생각 없던 두 남녀의 작은 결혼식 · 004

웨딩 프로젝트 돌입

나의 작은 결혼식, 사전준비

양가 인사 스몰웨딩의 첫걸음, 부모님 설득하기 022
양가 부모님께 승낙받기 전, 완전무장 해야 할 세 가지 024
결혼식 제작발표회가 된 상견례 026

01
MY SMALL WEDDING
웨딩 프로젝트 1단계

나의 작은 결혼식, 기획

예산 수립 500만 원으로 결혼하기, 야무진 꿈을 꾸다 032
술술 새는 결혼 비용, 지출 전략을 세우자 036

컨셉 잡기 결혼 준비도 데이트처럼, 꽁냥꽁냥 039
결혼 준비로 파트너십을 키우는 법 042

장소 선정 비용 Down 분위기 Up, 레스토랑 결혼식 044
웨딩홀만 벗어나도 결혼식이 특별해진다 048
스몰웨딩 정보가 가득, 해외 사이트 BEST 3 050

02
MY SMALL WEDDING
웨딩 프로젝트 2단계

나의 작은 결혼식, 연출

예복/예물 웨딩드레스냐 원피스냐, 이것이 문제라면 빈티지 웨딩드레스로! 054
온 가족이 출동한 드레스투어 058
5W1H로 내게 꼭 맞는 스몰웨딩 드레스 고르기 062
턱시도 대신 정장, 신랑의 이유 있는 예복 선택 066
빈티지 웨딩드레스만으로 심심하다면, 애프터드레스 068
양가 부모님의 예복 정하기 071
결혼식의 꽃, 부케와 부토니에 072
커플링, 결혼반지가 되다 074
결혼반지 구입 전, 체크리스트 078

웨딩 촬영	셀프 촬영, 비싼 장비가 없어도 괜찮아 081
	붕어빵처럼 찍혀 나오는 온라인 청첩장을 대신해 084
	리모컨과 삼각대만 있으면 우리도 사진작가 086
	셀프 촬영의 첫 단추, 장소 선정 088
	사진발 잘 받는 웨딩 촬영지 092
	셀프 촬영의 필수템, 샘플 사진 097
	해외 웨딩 인스타그램 BEST 3 102
	샘플 사진 응용한 셀프 웨딩 사진 촬영기 104
	의상과 소품으로 분위기 살리기 107
	느낌 있는 웨딩 사진을 위한 아이템 112
	부케, 소박한 꽃팔찌가 되다 114
	헤어·메이크업만은 전문가에게 맡겨라 116
	샵 가기 전, 빈틈 없이 준비할 것들 119
	시간을 쫀쫀하게 활용하는 팁, 촬영계획표 120
	촬영 후 짬뽕 한 그릇의 행복 123
	이 순간만큼은 우리가 주인공 124
	점검! 셀프 촬영 준비물 127
	허니문 가서 웨딩 촬영하기 130
	전문 포토그래퍼의 '보정이 필요 없는 촬영 팁' 132
	초보자를 위한, 밋밋한 사진에 드라마틱한 효과 내기 136
청첩장	심플하지만 의외의 고퀄, 청첩엽서 142
	세상에 단 하나뿐인 청첩장 만들기 148
신혼여행	로망 가득한 최고의 신혼 여행지를 고르는 법 152
	우리의, 우리에 의한, 우리를 위한 허니문 플랜 짜기 156
	뉴욕 맨해튼 42번가에서 허니문을! 158

03
MY SMALL WEDDING

웨딩 프로젝트 3단계

나의 작은 결혼식, 본식

본식 준비
- 손수 꾸민 식장에서 결혼하는 즐거움 163
- 현장에 가야만 보이는 것들이 있다 164
- 식장 입구를 장식한 대형 현수막의 반전 168
- 결혼식 현수막으로 액자 만들기 172
- 작지만 로맨틱한 나의 결혼식장 174
- 피로연에 선보일 동영상까지 내 손으로 176
- 주례 없이, 식순도 간략하게 178
- 특명! 하객 수를 줄여라 182

식장 세팅
- 스몰웨딩 분위기 살리는 테이블 스타일링 184
- 서로에게 보내는 편지, 사랑의 서약 190
- 사랑의 서약을 더욱 값지게, 서약서 케이스 만들기 195
- 평범한 아버지의 특별한 편지 196
- 딩동, 웨딩 음악이 도착했습니다 200
- Music In My Wedding, 웨딩 음악 리스트 204
- "하객 여러분이 직접 소중한 순간을 찍어주세요!" 208
- 포토그래퍼 매칭 플랫폼, 스냅퍼 211
- 나의 작은 결혼식, 품앗이를 하다 212
- 누나의 예식 사회를 맡다 214
- 끝날 때까지 끝난 게 아니다 216
- D-1, 스몰웨딩 준비 완료 221

본식
- 보름달 신부 납시오 224
- 본식 당일 챙겨야 할 모든 것 226
- 드디어, 마침내, 나의 작은 결혼식 228
- 엄마 품을 떠나는 게 아니라, 엄마 품에 아들 하나 안기는 것 232
- 두 아이의 정성이 깃든 결혼식을 지켜보며 236
- 소박했던, 행복했던 그녀의 스몰웨딩 238

EPILOGUE 스몰웨딩, 결혼식 그 이상의 의미 240
- 내 여자의 결혼식, 우리의 스몰웨딩 252
- 한 권의 책이 되기까지 256
- 고맙습니다 258

Wedding Guest Book 260
스몰웨딩 A to Z 체크리스트 262

웨딩 프로젝트 돌입

■ **양가 인사** ☐ 예산 수립 ☐ 컨셉 잡기 ☐ 장소 선정 ☐ 예복/예물 ☐ 웨딩 촬영
☐ 청첩장 ☐ 신혼여행 ☐ 본식 준비 ☐ 식장 세팅 ☐ 본식

MY SMALL WEDDING

나의
작은 결혼식,
사전준비

양가인사

스몰웨딩의 첫걸음,
부모님 설득하기

둘이서 모종의 뜻을 모은다고 해도, 사실 결혼은 둘만의 일이 아니다. 우리는 일찍이 서로의 부모님께 인사를 드린 터라 결혼에 대한 암묵적인 동의는 받은 사이였지만, 말이 좋아 스몰웨딩이지 식장도 식순도 '형식'이란 없는 결혼식을 하겠다는 얘기는 별개의 문제였다.

우선 각자 자신의 부모님께 말씀드려보기로 했다. 다행히 시부모님이나 친정 부모님이나 허례허식을 좋아하지 않는 분들이어서 예상보다 수월하게 긍정적인 답변을 들을 수 있었다. 그러나 곧 난관에 봉착하고 말았다. 소규모 결혼식을 치르다 보니 부모님의 손님들을 다 초대하지 못하는 점 때문에 마찰이 빚어진 것이다. 부모님은 결혼식을 지인들에게 한껏 베푸는 잔치라고 생각하셨다. 초대해야 할 사람을 초대하지 않는 건 대단한 결례라고 여기셨다. 십분 맞는 말씀이었지만 부모님 뜻을 따르자면 우리가 원하는 작은 결혼식은 포기해야 할 것이었다.

그때 신랑이 기지를 발휘했다. 제주 사람들은 육지에서 결혼식을 올리면, 고향에서 별도의 피로연을 마련해 인사 드리는 관례가 있다고 설득한 것이다. 우리는 친정집이 있는 부산에서 결혼식을 올릴 것이었으므로 제주 사람인 신랑은 처음부터 피로연을 계획하고 있었다. 그처럼 신부 측도 미처 초대하지 못한 손님들을 위해 피로연을 준비하면 어떻겠느냐고 제안했다. 여차여차한 끝에 신부 측 피로연은 따로 연회는 열지 않고 부모님께서 지인들에게 알음알음 식사 대접을 하는 것으로 의견을 조율했다. 작은 결혼식을 위한 절반의 허락을 얻어낸 셈이었다. 이제 상견례에서 큰 이변만 없다면 우리가 원하는 결혼식을 무리 없이 진행할 수 있었다.

양가 부모님께 승낙받기 전, 완전무장 해야 할 세 가지

우리나라에서 스몰웨딩을 하려면 '부모가 없거나' '부모가 엄청나게 깨어 있거나' 둘 중 하나란 웃지 못할 말이 있다. 우리의 결혼 문화가 차츰 바뀌고 있다지만 작은 결혼식은 여전히 수많은 관습의 장벽을 넘어야 하는 일이다. 양가 부모님의 승낙은 스몰웨딩을 올리려는 예비부부가 가장 먼저 넘어야 할 산이다. 일단 부모님께 승낙을 받으면 일사천리로 진행되지만, 부모님을 설득하지 못하면 두 사람의 뜻이 제아무리 굳건해도 일반 결혼식으로 마음을 돌려야 할지 모른다. 결국, 스몰웨딩의 성사 여부는 양가 부모님에게 달렸다 해도 과언이 아닌 셈이다. 그렇다면 부모님의 승낙을 얻기 위해 예비부부는 무엇을 할 수 있을까? 정답은 없어도 해답은 있을지니! 부모님을 뵈러 가기 전, 완전무장 해야 할 세 가지.

● **거친 바람에도 흔들리지 않을 굳은 신념**

우선 두 사람 모두의 확고한 신념이 필요하다. 스몰웨딩은 정해진 식장도 식순도 없는, 그야말로 하얀 도화지 위에 두 사람이 그려나가는 결혼식이다. 그래서 의미 있기도 하지만, 그래서 분명 귀찮은 점도 있다. 만약 한 사람이 방관하는 태도로 임하면 다툼이 나는 건 두말할 나위가 없거니와 절대 원하는 그림을 완성할 수 없다. 두 사람이 합심하여 '우리가 주인공이 되는 결혼식'을 손수 꾸며보겠다고 눈을 빛내면 부모님도 다짜고짜 반대만 하고 나서지는 않을 것이다.

- **결혼식 비용은 둘이서 해결하기**

결혼식 비용은 둘이서 스스로 마련해야 한다. (이게 가장 중요하다!) 우리 뜻대로 하겠다면서 부모님께 손을 벌리는 것 자체가 어불성설이지 않은가? 아무래도 부모님의 지원을 받는 결혼식은 부모님의 뜻을 받들 수밖에 없다. 다행히 스몰웨딩은 예비부부가 어떻게 기획하느냐에 따라 얼마든지 쓸데없는 비용을 줄일 수 있으니 지레 부담을 느낄 필요는 없다. 실제로 배우 원빈·이나영 부부의 밀밭 결혼식에는 110만 원의 비용이 들었다고 알려졌다. 스몰웨딩을 기획하는 단계에서 둘이 함께 장만할 수 있는 예산을 미리 책정하고 그 안에서 야무지게 운용해나가면 부모님께 손 벌리지 않고도 원하는 결혼식을 멋지게 치를 수 있다.

- **경청은 마음을 얻는 지혜**

당당하게 확신을 표하고 입장을 말씀드렸다면 이제는 들을 차례. 부모님의 말씀에 귀 기울여보면, 어른들이 마뜩잖아하는 부분이 무엇인지 알 수 있다. '결혼식은 파티가 아니라 엄연히 예법에 따라 치르는 의식'이라며 형식 없는 작은 결혼식을 걱정할 수도 있고, '결혼식은 부모의 일이기도 하다'며 지인들을 모두 초대하지 못하는 소규모 결혼식을 언짢아하실 수도 있다. 일단 찬찬히 들어본 후에 합의점을 찾아보는 것이 좋다. 가령, 식순을 보다 진중하게 세우거나, 부모님의 지인들 가운데 미처 다 초대하지 못한 손님은 별도의 피로연을 마련하는 것이 대안이 될 수 있다. 설득의 심리학, 협상의 기술은 회사에서만 요긴한 것이 아니다. 일생에 한 번뿐인 우리만의 결혼식을 위해 부모님과 열린 마음으로 열린 대화를 해보자.

양가인사

결혼식 제작발표회가 된 상견례

상견례는 시댁이 있는 제주에서 하기로 했다. 보통은 양가의 중간 지점 혹은 연배가 높은 쪽과 가까운 곳으로 정하지만, 우리의 경우 양가 부모님이 동년배셨고 중간 지점이라면 바다 한가운데가 될 터였으니! 결혼식을 친정집이 있는 부산에서 할 것이었던 만큼, 상견례는 시댁이 있는 제주에서 하자고 자연스레 마음을 맞추었다.

며칠 전부터 부산을 떨었다. 옷은 무얼 입을지, 행동은 어떻게 해야 좋을지, 급기야 경상도 사람인 무뚝뚝한 아빠가 그 자리에서도 무뚝뚝할까 봐 걱정스러웠다. 그야말로 신경 쓰지 않아도 될 것까지 신경 쓰게 되는, 상견례는 그런 자리였다. 급한 대로 온갖 정보를 뒤져 '상견례 예절'을 찾아 정독했다. '수수하면서도 은근한 멋이 배어나는 의상이 좋은 인상을 준다'기에 핑크빛이 찰랑거리는 블라우스에 무릎까지 떨어지는 단정한 스커트를 입었고 머리는 깔끔하게 빗어 넘겼다. '상대방을 부를 때는 정식으로 '○○ 씨'라 호칭하며 반말을 삼간다'와 같은 조언들을 조목조목 캡처해 신랑에게 공유하기도 했다.

결전의 그날, 제주 시내 한 일식집에 신랑과 그의 부모님, 나와 우리 부모님이 일렬로 마주 앉았다. 신랑은 외동아들, 나는 맏딸이었으므로 양가 모두 상견례라는 자리 자체가 처음이었고, 그래선지 부모님들도 영 조심스러워하시는 눈치였다. 어른들은 간단히 인사와 소개를 하셨고 우리에 대해 몇 말씀 나누시다가 이따금 상이 차려지는 걸 약속이라도 한 듯 말없이 가만히 지켜보셨다. 침묵이 생길 때면 신랑은 테이블 아래서 내 발을 툭툭 건드렸다. 여간해선 긴장을 잘 하지 않는 그도 그 자리가 어지간히 어색한 모양이었다. 메인 메뉴인 회가 등장할 즈음에야 대화의 주제는 제주로 넘어갔고, 제주에 사는 시부모님과 제주에서 태어난 엄마 사이에 공감대가 형성되며 분위기는 급속도로 화기애애해졌다. 아버님이 두툼하게 썰린 회 한 점을 젓가락으로 들어 올리면서 말씀하셨다.

- 아이들이 결혼식을 직접 준비한다지요? 저희는 (미처 초대 못한 분들을 위해) 제주에서 따로 피로연을 할 계획입니다만, 사돈께서는 어떻게 하실 건지요?
- 저희는 따로 마련하지는 않고 그때그때 식사 대접을 할까 합니다.
- 그렇군요. 둘 다 똑똑하고 야무진 아이들이니 한번 믿고 지켜봅시다.
- 그러게요, 이리 뛰고 저리 뛰며 준비하는 모습 보면 부모로서 뭔가 해줘야 하지 않나 싶으면서도 애들이 알아서 다 해주니 사실 고맙기도 합니다.

좌중 웃음이 터졌고, 대화는 곧 우리의 결혼식에 대한 이야기로 흘렀다. 어른들은 스몰웨딩에 대한 대략적인 개요만 알고 계셨으므로 결혼식과 신혼여행의 구체적인 계획에 관해 물어보셨고, 우리는 논의된 내용을 상세하게 말씀드렸다. 앞서 전문가의 조언대로라면 호칭을 바꾸어야 했지만, '오빠'라 부르던 신랑을 갑자기 '승원 씨'라 부르는 건 도저히 못할 노릇이어서 이야기 중간중간 그냥 편한 대로 호칭했다.

예법의 굴레를 벗자 상견례 자리가 한결 편안하게 느껴졌다. 따지고 보면 그날 신랑과 내가 그렇게나 잔뜩 긴장해야 했던 이유는 없었다. 단지 상견례란 단어 자체가 주는 어감이 딱딱했고, 어쩐지 대단히 격식을 차려야 할 것 같은 압박을 '스스로' 느꼈던 것이었다. 물론 예의는 갖추어야 마땅하지만, 가족이 될 사람들이 다 함께 하는 한 끼 식사라 생각하면 그렇게 어렵기만 한 자리는 아닐 수도 있는데 말이다. 돌이켜보건대 괜히 '상견례 예절' 지킨답시고 뻣뻣하게 군 바람에 긴장이 자꾸만 고조된 면도 없지 않았다. 역시 나답게 하는 게 제일인 법. 결혼식도 나답게, 상견례도 나답게!

이제 작은 결혼식을 위한 본격적인 준비에 돌입하면 된다.

웨딩 프로젝트 1단계

☐ 양가 인사 ■ **예산 수립** ■ **컨셉 잡기** ■ **장소 선정** ☐ 예복/예물 ☐ 웨딩 촬영
☐ 청첩장 ☐ 신혼여행 ☐ 본식 준비 ☐ 식장 세팅 ☐ 본식

01

MY SMALL WEDDING

나의
작은 결혼식,
기획

예산수립

500만 원으로 결혼하기, 야무진 꿈을 꾸다

쓸쓸하지만 인정할 건 인정하자. 결혼의 시작은 뭐니 뭐니 해도 '머니'다. 결혼식 자체는 낭만일지 모르지만, 결혼식을 준비하는 과정은 감성보다 이성이 진두지휘해야 하는 일이 많다. 일단 예산을 짜는 일부터가 그렇다. 재무설계사의 조언을 귀담아들었더라면, 그러니까 결혼 자금 통장 하나쯤 뚫어놓았더라면, 그래서 모아둔 돈이 차고 넘칠 만큼 넉넉했더라면 결혼식의 컨셉 먼저 잡고 그에 어울리도록 마음껏 아이디어를 펼쳤겠지만, 실상은 그렇지 못했으므로 우리는 가능 예산을 산정한 후에 그 안에서 놀아도 놀아야 했다. 학창 시절 연극 동아리에서 작품 하나를 무대에 올리던 것이나 회사에서 대형 행사 기획을 하던 것이나 절차가 크게 다를 바 없어서, 나는 작은 결혼식을 향한 대장정을 이름하야 '웨딩 프로젝트'라 부르기로 했다.

웨딩 프로젝트 첫 번째 미팅이 있던 날, 직업이 기자인 신랑은 조금 전 편의점에서 산 작은 수첩을 취재수첩처럼 넘기며 내게 물었다.

- 결혼 비용은 어느 정도로 잡을까?
- 나 오백, 오빠 오백, 토탈 천으로 잡자.
- 그래, 콜!

나중에야 알았다. 통상 결혼하는 데 수천만 원이 든다는 사실을. 결혼이 남 일이었을 적에는 결혼 비용 역시 남 일이었고, 결혼이 내 일이 되어서도 우리는 애초부터 작은 결혼식으로 뜻을 모았던 터라 구태여 '시세'를 알 필요가 없었다. 한 결혼정보업체가 신혼부부 1,000명을 대상으로 조사한 결과, 신혼집 마련 자금을 제외한 평균 비용이 5,588만 원이었다는 사실도 이 책을 쓰기 위해 자료를 찾다가 발견했다. (〈2015 결혼 실태 보고서〉, 듀오) 형편이 이럴진대 각자 500만 원, 둘이 합쳐 1,000만 원으로 결혼할 생각을 하다니! 참으로 야무진 꿈을 꾸었던 것이다. 그러나 당시 신랑은 어느 때보다 진중한 표정으로 수첩에 첫 기록을 남겼다.

- 민정: 500
- 나: 500
- 결혼식, 신혼여행 토탈 1,000 맞추기

결혼에 있어서만큼은 세상 물정 모르는 두 남녀의 웨딩 프로젝트가 바야흐로 시작된 것이다. 결과적으로 우리는 신혼여행 경비를 포함해 결혼 비용으로 총 1,040만 원 정도를 지출했다. 자세한 정산 내역은 다음과 같다.

전체 결혼 비용

항목	내용	비용
식장	부산 S 이탈리안 레스토랑	대관료 없이 식대로 갈음
식대	코스 메뉴	1인당 40,000원×75명 =3,000,000원 (45,000원 코스를 40,000원에 협의)
예물	커플링	390,000원
예복	빈티지 웨딩드레스 양복 애프터 드레스 소품(슈즈, 헤어밴드, 부케&부토니에)	150,000원 300,000원 80,000원 100,000원
웨딩 촬영	카메라 리모컨, 삼각대	35,000원
헤어 메이크업	셀프 촬영 본식(신랑·신부, 혼주, 가족 포함)	140,000원 600,000원
청첩장	600장 인쇄	250,000원
식장 데코레이션	동영상, 포토 테이블(인화료, 액자비) 현수막 제작 서약서, 식순 카드, 네임 카드, 방명록 제작 마이크 렌탈	80,000원 240,000원(신랑 선배 일부 협찬) 60,000원 90,000원
본식 스냅 촬영비	스냅 작가 의뢰	200,000원
신혼여행	7박 8일 뉴욕 자유 여행	4,700,000원
총액		**10,415,000원**

술술 새는 결혼 비용, 지출 전략을 세우자

아마 대부분의 사람들이 결혼을 앞두고 생애 가장 큰돈을 쓸 것이다. 예식은 실속을 차려 스몰웨딩으로 한다 해도, 신혼여행과 같이 필수로 들어가는 부대비용이 여간 만만찮은 게 아니다. '이때 써보지 언제?' 하는 마음으로 짐짓 무심한 척해보지만, 결혼 비용은 목돈이 나가는 일이 많기 때문에 막상 훌렁훌렁 비어가는 통장을 목격하노라면 당혹스럽다. 따라서 씀씀이에도 전략을 세울 필요가 있다.

● 먼저 예산을 정한다

스몰웨딩의 기본이자 핵심은 '결혼 비용은 신랑·신부 스스로 마련하기'. 한발 더 나아가자면 남녀가 반반씩 부담하는 게 깔끔한 것 같다(고 나는 생각한다. 이 부분은 각자의 소신에 따라 하시기를!). 서로 결혼 비용으로 어느 정도의 금액을 생각하고 있는지 허심탄회하게 이야기해본다. 그리고 최종적으로 지출 가능한 금액을 합산하여 예산을 정한다.

● 총액의 10%를 예비비로 책정한다

돈 쓰는 모든 일이 대개 그렇지만, 미처 예상하지 못한 지출이 발생할 수 있다. 더욱이 그럴 가능성은 꽤 큰 편이다! 혹시라도 남으면 신혼 여행지에서 쓸 경비에 얹으면 된다.

● 기존의 결혼 지출 품목 리스트를 참고한다

일반적으로 결혼식과 신혼집 입주 준비를 병행하게 되는데, 이 모든 것을 예비부부 둘이서 하다 보면 빈틈이 생기게 마련이다. 결혼 지출 품목 리스트는 이럴 때 매우 요긴하다. 리스트는 인터넷에서도 어렵지 않게 구할 수 있으며, 웨딩업체에서 나눠주는 이른바 '웨딩 다이어리'에도 상세히 담겨 있곤 하다. (스몰웨딩을 준비하는 예비부부라도 탐방 삼아 웨딩 박람회를 한 번쯤 둘러보면 좋다. 정보를 들을 수 있을뿐더러 웨딩 다이어리처럼 업체마다 방문객에게 나눠주는 선물들이 꽤 쏠쏠하다.) 이도 저도 번거롭다면 본 책 마지막의 〈스몰웨딩 A to Z 체크리스트〉를 참고해도 된다. 중요한 건 기존의 리스트를 꼼꼼히 읽어가며 더할 것은 더하고 뺄 것은 빼 '우리만의 지출 품목 리스트'를 작성하는 일. 그렇게 완성된 리스트는 매일 가지고 다니는 수첩이나 휴대폰 지갑에 끼워두고 결혼식을 준비하는 동안 틈틈이 활용한다. 가령, 결혼 소식을 주변에 알리기 시작하면 웨딩 용품이나 신혼살림을 선물 받기도 하는데, 그때그때 리스트에 써넣으면 중복해서 사는 일을 막을 수 있다. 또한 지인들이 필요한 물건을 물어볼 경우에도 리스트를 살펴보고 답하면 불필요한 살림이 생기지 않아 좋다.

● 결혼 자금 공동 통장을 만든다

관례적으로 우리네 결혼식에는 남자는 이것을 하고, 여자는 저것을 한다는 식의 남녀가 부담해야 하는 품목들이 정해져 있다. 그런데 결혼식을 준비하다 보면 누가 분담해야 할지 애매한 품목들이 생길 뿐 아니라, 예물·예단 등 생략하는 게 많은 스몰웨딩에서는 특히 성별을 따져 묻기 곤란한 항목들이 많다. 이럴 때 공동 통장을 만들어두면 골치 아플 일이 없다. 일찍이 논의해두었던 예산을 공동 통장에 넣어두고 결혼 준비로 나가는 지출은 모두 그것으로 해결하도록 한다.

컨셉잡기

결혼 준비도 데이트처럼, 꽁냥꽁냥

- 오빠는 인생의 최종 목표가 뭐야?
- 끝까지 즐겁게 사는 것.
- 그럼, 삶의 모토는?
- 락, 즐거울 락(樂)!

    이런 남자와 생애 엄청난 행사를 합작하겠다고 나섰으니, '결혼식 준비도 데이트처럼 즐겁게 하자'는 생각은 응당 자연스러운 일이었다. 신랑은 제주에, 나는 부산에 떨어져 지냈으므로 우리는 주말에 만나 전투적으로 회의하고 평일에는 흩어져 각자 맡은 임무를 수행하는 식으로 결혼식을 준비했다.

한번 회의를 하면 아이디어가 폭포처럼 쏟아져 분별 작업도 만만치 않을 뿐 아니라 한 주간 할 일이 태산처럼 쌓였다. 그런 의미에서는 분명 전투적인 회의가 맞았다. 그러나 회의는 탁상 위가 아닌 야외에서 주로 벌였다. 근교 드라이브를 즐기며 '결혼식 준비도 데이트처럼 즐겁게!' 하려고 했던 것이다. 언젠가 마주 앉기보다 나란히 앉을 때 더욱 열린 대화를 할 수 있다는 글을 본 적 있는데, 하물며 기분 전환에 그만인 드라이브를 하고 있자니 가끔 이야기가 산으로 가긴 해도 서로의 의견에 야박해지는 일은 드물었다. 양가 부모님만 모시고 하와이로 여행 가서 은밀한 결혼식을 올리자는 둥, 친정 부모님이 살고 계시는 시골집에서 나의 반려견인 복댕과 짱이 들러리 서는 결혼식이 좋겠다는 둥 차를 몰며 아이디어를 떠오르는 대로 뱉어냈다. 진지한 태세로 펜대를 굴리며 의논했더라면 서로 핀잔을 놓다가 급기야 "결혼이 장난이야? 때려치워!" 했을 것이 분명한 사담들이었지만 드라이브란, 아니 데이트란 달콤한 것이어서 우리는 마구 낄낄거렸다.

"그렇게 꽁냥꽁냥 하면서 결혼식 준비는 언제 할래?" 모르는 사람이 봤으면 이렇게 다그칠지도 몰랐다. 그러나 D-day가 정해져 있는 한, 일은 어떻게든 되게 되어 있다. 난생처음 하는 결혼식을 오로지 둘의 힘으로 하다 보면 누군가 '잘하고 있다'며 토닥여주었으면 하는 순간이 오는데 의외로 꽁냥꽁냥이 그 역할을 톡톡히 해주었다. 그래서 결혼식이 임박해 여유가 없을

때는 하다못해 손잡고 집 근처 카페라도 갔다. 싸울 시간이 없기도 했지만 싸울 일도 줄었다. 그러니까 웨딩 프로젝트를 무사히 완수할 수 있었던 건 다분히 '꽁냥꽁냥' 덕분이다.

결혼 준비로
파트너십을 키우는 법

성경에 '돕는 배필'이라는 말이 있다. '서로 세워주고 도움이 되는 배우자'라는 뜻의 성경 문학적 표현인데, 나는 이 단어를 참 좋아한다. 아주 어릴 적부터 미래의 남편에게 그런 아내가 되고 싶다는 꿈을 간직해왔다.

그러나 이는 실로 어마어마한 훈련이 필요한 일이다(라는 것을 결혼 생활을 하면서 절실히 깨닫는다). 결혼식을 올리는 순간 만화 속 웨딩피치처럼 뾰로롱 하고 '돕는 배필'로 변신할 수 있다면야 정말 좋겠지만, 실상 머리가 다 자란 성인 남녀가 '서로 세워주고 도움이 되는 배우자'가 되기 위해서는 부단한 노력과 시간이 수반되어야 하는 것이다.

작은 결혼식은 이러한 훈련을 하기에 더없이 좋은 기회다. 모든 게 두 사람의 손끝에 달린 일이므로 준비 과정에서부터 '돕는 배필'로서의 역할을 잘 나누어 감당해야만 값진 열매를 맺을 수 있다. 더도 말고 덜도 말고 딱 두 가지만 기억하면 된다.

● **서로 먼저 하겠다고 적극적으로 나서기**

설령 지치려다가도 사랑하는 사람이 노력하는 모습을 보면 힘을 내지 않을 수 없다. 가령 셀프 청첩장 제작을 앞두었다고 가정했을 때, '부족한 솜씨지만 디자인은 내가 해볼게'라고 적극적으로 나서보는 것이다. 그러면 상대방은 '그럼 발송은 내가 맡을게'라고 거들게 될 것이고, 일은 일사천리로 이루어진다. 역할을 의무적으로 나누기보다 사랑과 배려의 선순환으로 자연스레 나눌 수 있는 프로젝트는 아마도 지구 상에 '웨딩 프로젝트'밖에 없을 터. 예비부부 사이의 사랑 에너지를 십분 활용하자.

● **칭찬 아끼지 않기**

사소한 것에도 "잘했어!" "고마워!"라고 말하며 서로의 수고를 치하해주는 것이다. 이건 다른 의미에서도 도움이 된다. 스몰웨딩은 틈만 나면 비집고 들어오는 주변의 우려와 훈수에 의연해야 하는데, 그러려면 둘 사이에 굳건한 믿음이 있어야 한다. 결혼을 준비하는 긴 여정에 두 사람이 '우리 지금 최고로 잘하고 있어!'라는 말을 자주 주고받으면 뜻밖에 큰 안심이 되기도 한다. 이것이야말로 돕는 배필의 모습이 아닐는지. 스몰웨딩을 준비하는 동안 서로의 돕는 배필로서 나를 빚어가자.

■ 장소선정

비용 Down 분위기 Up,
레스토랑 결혼식

하고 싶은 결혼식에 대한 아이디어는 한여름 밤하늘의 별들처럼 무수히 반짝거렸다. 그러나 신혼여행 경비 포함 1,000만 원의 예산 안에서 하객들에게 누가 되지 않는 예식을 치르되, 먼 훗날 반추해도 후회 없을 우리만의 결혼식을 올리기에는 아무래도 '레스토랑 결혼식'이 제격일 듯했다. 하객들 입장에서 결혼식의 퀄리티를 좌우하는 것은 다름 아닌 '식사'. 레스토랑은 일단 식사가 믿음직스럽다는 점에서 안심이었다. 후다닥 먹고 빠져야 하는 결혼식 뷔페에는 이미 이골이 나 있었다. 가족과 절친 위주로 최소한의 하객을 초대할 것이었으므로 이왕이면 정성이 깃든 음식을 차려내고 싶었는데, 셰프의 요리를 맛볼 수 있는 레스토랑에서 결혼식을 올린다면 그리 어렵지 않은 일이었다. 게다가 홀 전체를 대관하면 맛있는 음식을 먹으며 하객들과 시간을 오래 보낼 수 있었고, 레스토랑의 뷰가 좋거나 인테리어가 근사하다면 구태여 꾸밀 이유도 없으니 데코 비용까지 절약할 수 있었다.

그날로 섭외 전쟁이 시작됐다. 먼저 평소 눈여겨봐둔 몇몇 레스토랑에 전화를 걸었다. 날짜를 묻기에 알려주었더니 주말에는 대관이 안 된다고 딱 잘라 거절한 곳도 있었고, 빌려줄 수는 있으나 최소 200만 원부터인 생화 장식을 반드시 해야 한다는 곳도 있었다. 그렇게 하루를 공쳤다. 호기롭던 모습은 간데없이 스멀스멀 걱정이 밀려왔다.

- 이러다가 진짜 그냥 연회장 빌려서 뷔페 해야 하는 것 아니야?

　　처음에는, 정말로, 쉬울 줄 알았다. 평소 레스토랑에 손님을 꽉 채우기가 어디 쉬운 일인가 말이다. 1인당 풀코스로 만석을 보증해주겠다는데 마다할 이유가 있겠느냐 싶었다. 그러나 이런 생각은 보기 좋게 빗나가 다음 날에도 그 다음 날에도 나는 세상에서 거절을 가장 많이 당한 신부가 되어야 했다.

　　사실 결혼식을 위한 레스토랑은 맛만 훌륭해서도 뷰만 아름다워서도 안 됐다. 하객들이 찾아오기 쉽도록 교통이 편리해야 하고, 주차 공간도 넉넉해야 하며, 실내는 기둥이 많지 않아 시야를 가리지 않아야 했다. 아마도 그런 요건을 충족하고 있는 부산 시내 레스토랑에는 전화를 다 걸어본 것 같다. 어쩌다 가능하단 답변을 받고 직접 가보는 일도 있었지만, 썩 마음에 들지 않았다. 요컨대 내가 좋아하면 상대가 퇴짜 놓고, 상대가 좋아하면 내가 별로인 상황.

결국, 전략을 바꾸기로 했다. 입소문이 필요한 신장개업 집을 공략하기로 한 것이다. 마침 취재차 들렀던 한 건물에 갓 오픈한 이탈리안 레스토랑이 있던 기억이 떠올랐다. 이탈리안 레스토랑이라 분위기도 깔끔했고, 무엇보다 광안대교가 한눈에 바라보이는 뷰가 일품인 곳이었다. 당장 전화를 걸어 지배인과 약속을 잡았다. 테이스팅을 겸한 미팅 후, 나는 마침내 계약금을 걸었다. 그리고 구석구석을 휴대폰 카메라에 담았다. 결혼식에 관한 세부 내용을 논의할 때마다 누군가의 영업장을 마냥 들락거릴 수는 없었기에 사진으로 기록해두었던 것이다. 하얀 시트 위 크리스털이 흩뿌려진 테이블 세팅, 일주일에 두 번 바꾼다는 싱싱한 장미 센터피스, 너른 창 너머 보이는 다이아몬드 브릿지 '광안대교'까지 맨 처음 레스토랑 결혼식을 기획하던 그때, 머릿속을 스쳤던 것과 얼추 맞아떨어지는 그림. 바로 이곳이었다!

웨딩홀만 벗어나도 결혼식이 특별해진다

● **레스토랑 결혼식, 카페 결혼식**

분위기 좋은 레스토랑이나 카페 전체를 빌려 오붓하게 즐기는 결혼식. 식사 준비를 따로 하지 않아도 되고, 공간 자체의 느낌을 살리면 데코에 드는 수고를 덜 수 있다. 다만 별도로 대관료, 생화 장식비를 받거나 외부 주류 반입이 일체 안 될 경우 비용이 크게 차이 날 수 있으니 꼼꼼히 협의해야 한다. 또한 영상·마이크 등의 시설이 구비되어 있지 않으면 출장을 불러야 하며, 축의금 봉투처럼 하객들을 위해 꼭 비치해야 할 준비물들을 사전에 체크해두는 등 신랑·신부가 디테일하게 챙길 거리가 많다. 결혼식 준비와 정리에 소요되는 시간까지 고려해 넉넉하게 예약해두는 것도 잊지 말자.

● **시골집 결혼식, 펜션 결혼식**

시골집이나 펜션을 빌려 야외에서 벌이는 동화 같은 결혼식. 가족, 지인과 함께 여행과 파티 사이의 느낌을 오가며 프라이빗한 예식을 할 수 있다는 게 가장 큰 매력이다. 그러나 하객들의 식사부터 영상·음향 장비 등의 부대시설, 방명록 등 각종 준비물까지 많은 부분을 신랑·신부가 세심하게 신경 써야 하기 때문에 수고스러운 면도 없지 않다. 스몰웨딩을 하려는 예비부부들이 늘면서 펜션과 손잡는 웨딩업체도 느는 추세. 해당 펜션에서 결혼식을 하면 해당 업체에서 생화 장식, 식전

푸드 등을 필수로 제안하기도 하니 면밀히 검토해보고 취사선택해 신랑·신부의 니즈에 따라 협의 사항을 정리하는 것이 좋다.

● 수목 결혼식, 놀이터 결혼식, 영화관 결혼식

함께 묘목을 심으며 영원한 사랑을 맹세하는 수목 결혼식, 동네 놀이터에서 이웃들의 축복 속에 올리는 놀이터 결혼식, 상영관을 빌려 둘만의 스토리가 담긴 영상을 하객들과 나누는 영화 같은 영화관 결혼식 등 신랑·신부의 개성과 취향을 반영한 독특한 컨셉의 결혼식들도 있다.

● 공공기관 결혼식

실속은 차리고 싶으나 처음부터 끝까지 스스로 기획하는 것이 부담스러운 예비부부에게 적합한 결혼식. 합리적인 비용으로 결혼식을 진행할 수 있다는 점이 가장 큰 메리트다. 게다가 하객 식사, 영상·음향 시설 등 결혼식과 관련된 다양한 선택 사항을 기관에서 제공하기도 하니 다른 스몰웨딩에 비해 신랑·신부의 품이 확실히 적게 든다. 여성가족부가 운영하는 작은결혼정보센터(www.smallwedding.or.kr)는 작은 결혼식장으로 예비부부들에게 인기 있는 전국의 공공장소 정보를 상세히 제공하고 있으니 참고하자.

스몰웨딩 정보가 가득,
해외 사이트 BEST 3

장소가 정해졌다면 이제부턴 아이디어 싸움이다. 최근에야 우리나라도 결혼식 문화가 다양해지는 추세지만, 아직 신랑·신부의 개성과 정체성을 담은 스몰웨딩은 '부분적으로' 행해지는 터라, 국내에는 참고할 자료가 그다지 많지 않다. 여기 소개하는 세 곳의 해외 사이트는 실제 외국의 결혼식을 엿볼 수 있어 아이디어가 메마를 때 '영감의 원천'이 되어줄 것이다. 결혼식 준비 기간 내내 끼고 살며 팁을 얻자!

● www.intimateweddings.com
'little weddings, big heart'라는 부제를 단 만큼, 스몰웨딩에 가장 최적화된 사이트. 레스토랑 결혼식, 홈 결혼식은 물론 1,000만 원 이하로 결혼한 이야기까지 카테고리별로 분류되어 있어 내게 필요한 이미지를 쉽고 간편하게 찾아볼 수 있다. 자료 수가 조금 아쉽지만, 하나도 버릴 이미지가 없다.

● www.theknot.com/real-weddings
스몰 웨딩은 물론 일반 결혼식까지 총망라되어 있다. 실제로 미국의 예비부부들이 결혼을 앞두고 즐겨 활용하는 사이트라고 자료는 방대하나 스몰웨딩을 따로 묶어놓지 않아 원하는 이미지를 찾기까지 품은 좀 드는 편이다. 다만 청첩장, 부케 등 카테고리를 세세하게 나누어놓아 특정 아이템에 대한 인사이트를 얻고 싶을 때 유용하다.

● www.glamourandgraceblog.com
앞의 두 사이트에 비해 첫인상은 조금 밋밋할 수 있지만, 하나씩 열어보면 꽤 쓸 만한 이미지가 많다. 마치 영화 스틸컷처럼 내러티브가 살아 있는 리얼 웨딩 사진이 강점. 'DIY projects'나 'wedding ideas'의 내용도 제법 신선하다. 'inspiration'은 컬러, 스타일, 계절, 장소별로 구분되어 있어 입맛대로 골라볼 수 있다.

딱 하나만 꼽으라면
올인원 이미지 검색 사이트, 핀터레스트

● www.pinterest.com
시간적 여유가 없거나 사이트를 일일이 접속하는 일이 영 귀찮다면, 핀터레스트를 적극 활용하자. 검색창에 'small wedding' 'restaurant wedding'만 검색해도 어마어마한 수의 사진들을 만날 수 있다. 맘에 드는 사진은 핀으로 꽂아 수집, 관리할 수 있어 놓친 사진을 다시 찾느라 공연히 뒷북치는 일도 없다. 게다가 핀터레스트는 이미지 중심의 큐레이션 서비스로 영어가 능숙하지 못해도 구경하는 데 아무런 문제가 없다.

웨딩 프로젝트 2단계

☐ 양가 인사　☐ 예산 수립　☐ 컨셉 잡기　☐ 장소 선정　■ **예복/예물**　■ **웨딩 촬영**
■ **청첩장**　■ **신혼여행**　☐ 본식 준비　☐ 식장 세팅　☐ 본식

02
MY SMALL WEDDING

나의
작은 결혼식,
연출

예복예물

웨딩드레스냐 원피스냐,
이것이 문제라면
빈티지 웨딩드레스로!

언젠가 웨딩드레스 패션쇼의 사회를 본 일이 있었다. 당연히 정장을 입을 것으로 생각하고 갔는데, 주최 측에서 드레스를 입어달라고 요청했다.

- 미리 알았더라면 아침이라도 굶고 오는 건데!!!

드레스를 받아 들고 안내 직원을 따라 피팅룸에 들어갔다. 그리고 나는 곧 더 큰 좌절에 빠졌다. 일단 웨딩드레스란 결코 혼자 입을 수 없는 구조였다. 브래지어까지 탈의한 채 뻣뻣하게 서 있는 내게 직원 두 명이 양쪽에서 옷을 입혀주었는데, 너무나 창피해서 머리가 땅해졌다. 어릴 적 인형 옷을 하루에도 몇 번씩 바꿔 입히곤 했는데 인형에 감정이 있다면 이런 기분이었을까? 하물며 인형과는 한참 거리가 먼 몸매이니 송구스러워 미칠 지경이었다. 그러나 직원은 내 마음 따위 전혀 관심 없다는 듯 '당신은 수백 명 손님 중 한 명일 뿐'이라는 덤덤한 얼굴로, 윽! 소리가 절로 새어나오도록 내 몸에 꼭 맞게 드레스를 조였다. 톱 스타일의 미니드레스는 자꾸만 아래로 흘러내리는 느낌이 들어 온종일 불편했던 기억이 아직도 선명하다.

결혼식을 앞두고 그날의 기분이 떠올랐다. 그때보다 더욱 못나졌을 몸을 또다시 이름 모를 누군가에게 드러내놓고 싶지 않았다. 가뜩이나 챙길 것 많은 결혼식 날, 거추장스러운 차림은 불편하기만 할 게 뻔했다.

그래, 웨딩드레스는 입지 말자! 평상복으로 입을 수 있는 흰 원피스도 깔끔하고, 하얀 정장을 맞춰 입어도 스타일리시할 것 같았다. 그러나 웨딩 사진이 걸렸다. 어설픈 재주로나마 셀프 촬영을 할 것이었고 옷 한 벌 장만해 촬영과 본식을 다 해결할 작정이었는데, 웨딩 분위기를 내는 데에는 드레스만 한 게 없었다. 고민의 해답은 우연한 곳에 있었으니! 당시 나는 틈만 나면 외국의 웨딩 사진들을 뒤적거리곤 했는데, 사진 속 모델들이 입은 빈티지 웨딩드레스가 바로 내가 찾던 '잇 아이템'이었던 것이다.

빈티지 웨딩드레스는 생각보다 구하기도 쉬웠다. 몇 년 전까지만 해도 해외 직구를 해야 했지만, 최근에는 이를 대행하거나 아예 직접 만들어 파는 온·오프라인 빈티지 웨딩드레스 샵이 제법 생겨난 덕분이었다. 몇 군데를 재바르게 훑어보기 시작했다.

예복예물

온 가족이 출동한 드레스투어

'드레스투어'란 말이 있는지도, 대부분의 샵에 '드레스 피팅비'란 것이 있는지도 처음 알았다. 웨딩드레스를 고르기 위해 여러 샵을 다녀보는 일을 드레스투어라 부르고, 입어보는 데 내는 돈을 드레스 피팅비라 했다. 그마저도 마음에 드는 옷을 다 입어볼 수는 없고, 벌 수를 한정해놓은 곳이 많았다. 야금야금 헐어 쓰는 돈도 무시할 수 없어서 나는 온라인몰 사진을 통해 일차적으로 마음을 결정한 후 방문하기로 계획을 세웠다.

왜, 드라마 보면 그런 거 꼭 나오지 않나? 드레스를 입은 여자가 얌전하게 서 있고 커튼이 천천히 열리면 그 모습에 반한 남자가 간지러운 멘트를 마구 날리는 그런 장면. 고백하건대 나는 그런 오글거림을 세상에서 가장 싫어한다. 그러므로 그런 드라마 같은 장면은 나로선 상상하기 버거운 그림이었다.

게다가 평일이라 제주에서 직장 다니고 있는 신랑을 부를 수도 없었다. 그리하여 나는 가족과 함께 드레스투어에 나섰다. 처음 간 곳에서 구매까지 마쳤으니 엄밀히 말하면 투어가 아닐지도 모르겠다. 어쨌거나 친절하게 내게 문을 열어준 직원은 뒤이어 여동생, 엄마, 아빠가 나란히 들어가자 다소 놀라는 표정이었다. 그런 속마음을 들킨 걸 눈치챘는지 "가족 모두가 오신 건 처음이에요, 호호호" 했다.

여동생은 매의 눈으로 드레스를 입은 내 실루엣을 살폈고, 엄마는 드레스에 어울릴 법한 화관이며 헤어밴드 등의 소품까지 어느새 스캔해서 이것저것 권해주셨다. 아빠는… 아빠는 좀처럼 말씀이 없으셨다. 딸이 결혼한다는 사실이 그제야 실감 나셨던 것 같다. 평소 같으면 왜 아무 말도 없느냐며 보챘겠지만, 모르는 체했다.

드레스를 결정하고 돌아오는 길, 우리는 어릴 적 자주 가던 아구찜집에 들러 외식을 했다. 식당에는 '내 가족이 먹는다는 마음으로 30년을 하루같이'라고 적힌 액자가 걸려 있었다. 나는 30년을 하루같이 함께 산 가족의 품을 떠나 곧 새로운 가족을 꾸린다…. 무심코 액자를 올려다봤을 뿐인데 왜 갑자기 센치해졌는지는 모르겠다. 그만 코끝이 맹맹하고 목구멍이 알알해졌다. 아구찜이 맵지 않았더라면 곤란한 상황을 겪을 뻔했다. 다행이었다.

5W1H로 내게 꼭 맞는 스몰웨딩 드레스 고르기

● WHO?

신랑·신부가 함께, 결정은 신부의 몫.

● WHEN?

드레스 수선이 필요할 경우를 대비해 본식과 넉넉한 기간을 두고 미리 확보해둘 것. 결혼식 장소를 확정하고 예산이 수립되면 드레스부터 알아보는 것이 좋다. 디자인을 선택한 후에는 레이스와 박음질 상태를 꼼꼼히 점검하고 결정하자.

● WHERE?

스몰웨딩 드레스 전문 샵을 이용하거나 '데이비드브라이덜' 같은 인터넷 해외 직구를 통할 수 있는데 각각 일장일단이 있다. 오프라인 샵은 입어볼 수 있으나 디자인이 한정되어 있는 반면, 인터넷 해외 직구는 디자인 선택의 폭은 넓으나 눈으로만 보고 결정해야 하기 때문에 자칫 실패할 위험이 있다. 게다가 환불 절차도 까다로운 경우가 많으므로 신중하게 구매해야 한다.

드레스앤유 www.dressnu.co.kr
하루드레스 www.harudress.com
소피앤테일러 blog.naver.com/sophyntaylor
그녀가 사랑할 때 www.mellowhamper.com

● WHAT?

드레스는 결혼식 장소의 분위기와 잘 어우러지는 디자인을 택하되 취향과 체형에 따라 고른다. 키가 작다면 하이웨이스트나 A라인 드레스를, 얼굴이 크거나 목이 짧다면 어깨를 노출한 보트네크라인이나 V네크라인의 드레스를 입으면 체형을 커버할 수 있다. 따뜻한 계절에는 레이스나 망사 소재가 시원한 느낌을, 추운 계절에는 새틴이나 도톰한 실크 소재가 따뜻한 느낌을 준다. 어른들이 주로 참석하는 가족식이라면 7부나 10부 정도의 긴 슬리브가 단정한 반면, 친구들과의 파티식이라면 과감한 노출을 시도해봐도 좋다. 대부분의 스몰웨딩은 이동하는 데 성가시지 않도록 슬림한 라인이나 가벼운 길이감의 드레스를 입는 것이 편한데, 라인이 그대로 드러나는 실크 소재 드레스는 자칫 뚱뚱해 보일 수 있으니 반드시 입어보고 결정할 것.

● HOW?

스몰웨딩 드레스는 일반 웨딩드레스보다 가격이 저렴해 구입·대여 모두 비교적 부담이 적다. (구입가는 평균 10만 원부터) 촬영 의상과 본식 예복을 각각 달리할 계획이라면 대여하는 편이, 한 벌의 드레스로 소화할 예정이라면 구매하는 편이 합리적이다. 대여 기간이 짧아 최소 두 번 이상 빌려야 하는데 그러면 구입가와 별 차이가 없을 수 있기 때문이다. 나는 촬영과 본식은 물론, 돌아오는 결혼기념일마다 꺼내 입고 사진을 찍을 요량으로 애초부터 한 벌 장만하기로 결정해둔 참이었다. 드레스는 커버로 싸서 빛이 통하지 않는 곳에 보관하면 된다.

- WITH?

스몰웨딩 드레스는 포인트 액세서리에 따라 전혀 다른 이미지를 연출할 수 있다. 가령 화관을 매치하면 내추럴한 느낌을, 진주나 금속 장식이 된 헤어밴드를 곁들이면 클래식한 멋을 돋울 수 있으며, 베일을 쓰면 신비로운 분위기를 완성할 수 있다.

웨딩슈즈 역시 꼭 하얀색이란 법은 없다. 단아하고 부담 없는 흰색 슈즈를 많이 신는 편이지만, 빨강이나 파랑처럼 강렬한 컬러의 슈즈를 매치해 통통 튀는 매력을 발산할 수도 있다. (영화 〈섹스 앤 더 시티〉에서 캐리가 빅에게 받은 프러포즈 슈즈도 마놀로블라닉의 새틴 블루힐이었다. 방송인 김나영도 그녀의 스몰웨딩에서 핑크색 마놀로블라닉을 신어 화제가 됐다.)

요즘은 웨딩슈즈에 메시지를 새겨주기도 하는데(레터링 서비스) 나만의 문구를 넣어 소장 가치를 높여보는 것도 의미 있을 터. 깨끗한 느낌의 흰색 슈즈를 원하지만 두 번 신지 않을 것 같아 고민이라면 온·오프라인 대여 샵을 이용하는 것도 야무진 방법이다. 소장 구두에 코사지를 달아 신는 것도 굿 아이디어!

아이몰 www.imol.co.kr
이로스타일 www.irostyle.com
슈즈드블랑 www.shoesdeblanc.com
리틀테이블 www.littletable.net

| 예복예물

턱시도 대신 정장,
신랑의 이유 있는 예복 선택

- 나는 빈티지 웨딩드레스로 하고, 오빤 뭐 입을 거야?
- 정장 하나 사 입을까? 결혼식 끝나면 회사에도 입고 다닐 수 있는 걸로.

며칠 후, 신랑은 정장을 샀다. 그의 말대로 결혼식이 끝나면 평소에 입고 출근해도 될 만한 감색 정장이었다. (실제로 가끔 신랑은 그걸 꺼내 입고 회사에 간다.) 수트에 어울리는 클래식한 느낌의 버건디 구두도 한 켤레 샀다. 그렇게 입고서, 웨딩 촬영을 하고 결혼식을 올렸다. 신랑의 예복을 정하는 일은 (나에 비해!) 이렇게나 간단했다. 이 글을 쓰면서 새삼 미안한 맘이 들어 그에게 다시 물었다.

- 오빠는 턱시도 입고 싶은 생각 없었어?
- 응, 별로. 거추장스러울 거 같아 싫었어. 폐백도 안 할 거라 오래 입고 있어야 하는데 옷이 불편하면 계속 신경 쓰이니까. 이참에 정장 한 벌 마련했으니 난 오히려 좋지.

오, 아름다운 나의 사람아!

■ 예복예물

빈티지 웨딩드레스만으로
심심하다면,
애프터드레스

　　　예복은 일찌감치 정해두고 결혼식 준비가 한창이던 어느 날 밤, 침대에 누워 뒹굴거리는데 동생 민경이가 내게 폰을 들이밀었다. 하얀 공단에 붉은 장미 자수가 놓인 드레스 한 벌이 화면을 가득 채우고 있었다.

- 와, 예쁘다! 근데 이런 걸 어디서 입게?
- 나 말고 언니. 결혼식 때 빈티지 웨딩드레스랑 이거랑 둘 다 입으면 어때? 수수함과 도도함, 두 매력을 모두 어필하는 거지. 크크크.

제법 솔깃한 아이디어였다. 결혼식은 우리 친척들과는 오랜만의 만남이었고, 신랑 친척들에겐 첫선을 뵈는 자리였다. 이왕이면 다양한 매력의 인상을 남기는 것도 좋을 것 같았다. 게다가 우리는 셀프 웨딩 촬영 외 모든 사진은 본식 당일 촬영으로 갈음할 생각이었으므로 본식에 두 벌의 다른 드레스를 입으면 어쩐지 그림도 예쁠 것 같았다.

- 오우, 좋은 생각이다. 게다가 가격도 착해. 사자!

인터넷 쇼핑몰은 착용해볼 수 없다는 단점이 있긴 하지만, 조금만 클릭품을 팔면 디자이너의 드레스나 직수입 드레스를 합리적인 가격에 살 수 있다는 큰 장점이 있다. 결과적으로 나는 10만 원도 안 되는 가격에 빈티지 웨딩드레스와는 전혀 상반된 느낌의 화려한 애프터드레스를 구입했고, 신랑을 위해 본식과 별도로 장미꽃 부토니에를 하나 더 만들었다. 다소 충동적이긴 했지만, 애프터드레스는 과연 결혼식 스타일링의 화룡점정이었다.

양가 부모님의
예복 정하기

보통의 결혼식에서는 양가 어머님들은 한복을, 양가 아버님들은 양복을 입는 게 의례적이다. 그러나 많은 결혼 선배들의 말을 들어보면 결혼식 후 가장 후회되는 게 바로 한복을 산 일이라 했다. 기쁜 날이니 좋은 걸로 사두었는데 본인이나 어머님들이나 결국 한 번 입고는 여태 장롱살이를 하고 있다는 것이다.

굳이 남의 옷장을 들여다보지 않아도 우리 집 옷장에도 오래된 엄마의 한복이 있다. 엄마가 그걸 입은 모습을 나는 십 년 전엔가 집안 행사 때 딱 한 번 보았다. 이후로 입을 일도 없었건만, 이제는 촌스러워져 입으려야 입기도 뭣해져버렸다. 그러니 결혼식 용도로 또다시 한복을 맞추는 일이 정녕 지당하냐 말이다.

게다가 레스토랑 결혼식이니 한복보다는 깔끔한 정장이 낫기도 했다. 우리의 제안에 엄마는 반색했고, 어머님도 흔쾌히 그러마 하셨다. 양가 아버님들도 뜻을 모아주셨다. 그래서 우리는 따로 혼수나 예단을 하지 않는 대신 상대방의 부모님께 예복을 선물하기로 했다. 결혼식 후에도 격식 있는 모임에 차려입고 나갈 수 있을 만한 정장을 한 벌씩 사드린 것이다.

스몰웨딩은 양가 부모님의 예복 역시 정해진 형식이 없다. 부모님과 충분히 상의한 후 각자 여건에 맞는 방식으로 진행하면 된다.

결혼식의 꽃, 부케와 부토니에

M Y SMALL WEDDING TIP

부케와 부토니에는 신랑·신부를 더욱 빛내주는 웨딩의 필수 아이템이다. 결혼식은 신부가 부케를 들 때 시작해 던질 때 끝난다는 말이 있을 정도. 그런데 부케가 사실은 꽃이 아니라 곡식이었다는 사실을 아는가? 부케와 부토니에의 흥미진진한 숨은 이야기를 살짝 알아보자.

프랑스어로 '다발, 묶음'을 뜻하는 '부케(bouquet)'는 작은 숲을 뜻하는 라틴어 '보스크(bosc)'에서 탄생한 말이다. 기원전 3000년경 고대 이집트 왕들이 권력을 나타내기 위해 부케를 사용했다는 기록이 있는데, 실제로 투탕카멘의 관 안에서 수레국화가 발견되기도 했다. 그 후 기원전 4세기 결혼식에서는 풍요를 상징하는 곡물 다발을 부케로 사용했고, 결혼식이 끝나면 다산을 기원하며 신부가 머리 위로 던진 곡식 알갱이를 친구들이 받았는데 그것이 오늘날 신부가 부케를 던지는 풍습의 기원이다. 지금처럼 꽃으로 만든 부케는 중세에 사용되기 시작한 것. 청혼의 뜻으로 남자들이 들꽃 꽃다발을 만들어 바치면 여자들은 승낙의 의미로 다발 속에서 꽃 한 송이를 뽑아 남자의 가슴에 달아주었다고. 다름 아닌 부토니에의 유래다.

■ 예복예물

커플링,
결혼반지가 되다

물건을 잘 잃어버리는 편은 아닌데 꼭 잃어버리게 되는 물건이 있다. 주얼리 류가 그렇다. 치장하는 걸 좋아하는 성격도 아니어서 가짓수도 몇 개 없는데 희한하게 내 품을 훌쩍훌쩍 잘도 떠났다. 결혼반지 얘기가 나왔을 때, '혹여 잃어버려도 앓아눕지 않을 정도로 부담 없는 가격대'란 말이 가장 먼저 튀어나온 건 그래서였다. 사기도 전에 잃어버릴 생각부터 하다니 너무 한 것 아니냐며 신랑은 내 옆구리를 쿡 찔렀지만, 잃어버린 주얼리에 대해(!) 그도 익히 아는 바, 이내 동의를 해주었다.

그래서 간 곳이 부산 동구 범일동 귀금속 거리였다. 크고 작은 귀금속 가게 수백 개가 조르르 모여 있는 곳이다. 딱 봐도 30년은 족히 된 것 같은 오래된 집도 있었고, 건물 자체부터 힘준 티가 팍팍 나는 신생 매장도 있었다. 일단 눈에 띄는 몇 군데를 들어가보기로 했다.

- 어떻게 오셨어요?
- 결혼반지 보려고요.
- 네, 이쪽으로 오세요.

잠시 후, 직원은 요즘 잘나간다는 몇 개의 모델들을 들고 (아니, 모시고) 나타났다. 흰 면장갑을 끼고서 반지를 요리조리 조심스럽게 보여주며 설명을 해주는데, 순간 가격 택이 선명하게 보였다. 2,260,000원. 이백이십육만 원? 너, 아웃!

이후부터는 아예 결혼반지라는 말 자체를 꺼내지 않았다. 알고 보니 애초부터 우리가 원한 건 '커플링'으로 통용되는 것이었다. 커플링은 디자인도 훨씬 다양했다. 다섯 집가량 둘러본 뒤 둘 다 마음에 꼭 드는 반지를 골랐다. 결혼 후, 신랑은 외출하고 돌아올 적마다 내게 반지의 안부를 묻는 게 일상이 됐다.

- 반지, 잘 있지?
- 응, 여기 내 손에 꼭 붙어 있어.

이런, 다이아로 했더라면 꼼짝없이 장롱에 모셔둘 뻔했다.

반지, 잘 있지?
응, 여기 내 손에 꼭 붙어 있어!

MY SMALL WEDDING TIP

결혼반지 구입 전, 체크리스트

우리처럼 단출하게 커플링으로 끝내는 경우가 있는가 하면, 재테크의 일환으로 주얼리 디자이너의 작품을 결혼반지로 삼는 지인도 있고, 결혼 비용 5,000만 원 중 무려 4,000만 원을 다이아몬드 반지를 사는 데 들인 지인의 지인도 있다. 여자들의 로망이라는 티파니(Tiffany)에 꽂힌 어느 커플은 동일 제품이 한국보다 미국이 훨씬 저렴하다는 이유로 신혼 여행지를 하와이로 정하기도 했다. 이처럼 결혼반지를 대하는 자세는 저마다 다르지만, 잘 사고 싶은 마음은 누구에게나 있을 터. 다음의 체크리스트를 참고해, 결혼반지 똑소리 나게 사자!

- 사전에

  ☐ 예산은 정했는가?

  ☐ 주얼리샵은 어디로 할 것인가? 브랜드샵이 아니라면

    ☐ 제품들이 다양하게 구비되어 있는가?

    ☐ 주인이 자주 바뀌었다거나 입소문이 나쁘지는 않은가?

    ☐ AS를 받을 수 있는가? 추후, 공임을 주면 리세팅할 수 있는가?

- 상담을 받으면서

  ☐ 디자인과 세팅이 마음에 드는가?

    ☐ 생활 주얼리로 활용할 수 있는가?

    ☐ 유행을 타지 않아 오래 착용할 수 있는가?

  ☐ 제품 가격대가 예산에 합당한가?

  ☐ 최소 세 군데 이상의 샵을 방문 비교했는가?

- 구매하기에 앞서

  ☐ 중량이 정확한가?

  ☐ 보증서를 받았는가?

  ☐ AS 여부를 확인했는가?

■
웨
딩
촬
영

셀프 촬영,
비싼 장비가 없어도 괜찮아

    셀프 웨딩 촬영은 또 하나의 무(謀)한 도전이었다. 나나 신랑이나 사진에 특출 난 재주가 있는 사람들도 아닌 데다, 무엇보다 나는 평소 휴대폰 셀카조차 즐기지 않는, 카메라 앞에서 그다지 뻔뻔하지 못한 사람이다. 어느 정도냐면 언젠가 신생 직업을 소개하는 기사를 쓰면서 촬영장에서 모델의 포즈를 잡아주는 아트워크매니저를 인터뷰한 적이 있는데, 카메라 앞에만 서면 뻣뻣한 몸치가 되는 나는 그 직업의 필요성을 온몸으로 증명할 정도였다. 그런 내가 아트워크매니저는커녕 포토그래퍼도 없이 카메라 하나 달랑 메고 신랑과 셀프 웨딩 촬영을 하겠다고 나섰으니, 팩트만 놓고 보면 성공할 확률보다 그 반대의 가능성이 훨씬 더 높았다.

썩 자랑스럽지도 않은 이런 이야기를 늘어놓는 이유는, 원한다면 누구나 셀프 웨딩 촬영을 할 수 있다는 걸 강조하고 싶어서다. 셀프 웨딩을 하면서도 셀프 촬영은 유독 꺼리는 신랑·신부를 여럿 보았다. 일생에 한 번, 가장 찬란한 시절 남기는 사진인 만큼 기왕 잘 찍고 싶다는 거였다. 물론 공감하는 바다. 다만, 좋은 카메라나 전문 기술 없이 셀프로 촬영하면 질이 떨어질 것이라 확신하는 데에는 공감할 수가 없다. 내가 바로 남루한 장비와 솜씨로도 가장 특별한 사진을 얻은 장본인이기 때문이다.

모르긴 몰라도 셀프 웨딩 촬영은 바로 그 '가장 찬란한 시절'에만 가능한 일이다. 사랑의 불꽃이 파박 튀어야 아트워크매니저가 없어도 둘만의 사랑스러운 포즈가 나오고, 젊음의 순발력이 받쳐줘야 신랑·신부가 모델, 포토그래퍼, 때로는 스타일리스트까지 일인다역을 무난하게 소화해 낼 수 있으므로.

■ 웨딩촬영

붕어빵처럼 찍혀 나오는
온라인 청첩장을 대신해

발단은 재작년 어느 봄날 도착한 온라인 청첩장 두 통이었다. 고등학교 동창과 직장 동료가 차례로 결혼 소식을 알려왔는데, 일정을 확인하기 위해 링크를 클릭했다가 나는 그야말로 '멘붕'에 빠졌다. 발신인은 분명 달랐는데 어느 링크를 눌러도 같은 사진이 뜨는 것이었다. 4년째 쓰고 있던 휴대폰이 또 말썽이구나 싶어 두어 번 정도 재접속한 후에야 사건의 진상을 알아챌 수 있었다. 공교롭게도 두 커플은 같은 스튜디오에서 웨딩 촬영을 했던 것이다. 배경, 느낌, 포즈가 판박이처럼 닮아 있어 헷갈릴 수밖에 없었다.

작품성으로 치면 정말로 훌륭한 사진들이었다. 인물은 또 어떻고. '내가 아는 그 친구가 맞나?' 싶을 만큼 요정 할머니의 솜씨로 근사하게 변신한 그들은 잡지 화보 속 모델 같았다. 다만, 그 요정 할머니가 부릴 줄 아는 요술이 딱 한 가지 버전이라는 점이 문제라면 문제였다. 스튜디오에는 대대손손 물려 내려오는 업무 매뉴얼이 있는 게 분명했다. '포즈는 이럴 때 이렇게 연출시킨다' '보정은 여기를 이렇게 리터칭한다'는 식의 내용이 조목조목 담긴. 그게 아니라면 외모로나 풍채로나 조금도 비슷한 데가 없는 두 사람을 내가 헷갈릴 리 없었다.

신부가 된 그들은 아름다웠지만, 그 아름다움이 부럽지는 않았다. 그리고 결심했다. 비록 V라인, S라인 만드는 보정 기술이나 쨍쨍한 조명 시설이 없을지라도 나는 나만의 웨딩 사진을 찍겠노라고.

■ 웨딩 촬영

리모컨과 삼각대만 있으면
우리도 사진작가

그러나 마음을 먹는 것과 실행에 옮기는 것은 엄연히 다른 문제였다. 결심을 했다고 해서 없던 대책이 갑자기 생길 리 만무했으므로, 꼭 1년 만에 정말로 셀프 웨딩 촬영을 하게 되었을 때도 여전히 나는 어떻게 할지에 대한 답을 가지고 있지 못했다.

아무렴, 웨딩 사진을 셀카봉으로 찍을 수야 없지 않겠는가? 오래된 카메라가 한 대 있었지만, 타이머를 맞추고 찍자니 셔터를 눌러놓고 자리에 돌아오는 동안 머리가 헝클어져 사진에는 순백의 신부가 아니라 처녀 귀신이 나올 게 빤했다. 데이트 스냅이 한창 유행이었지만, 전문 작가에게 찍히는 건 소위 말하는 '스튜디오 웨딩 촬영'이나 내겐 다를 바가 없었다. 처음부터 V라인, S라인, 도자기 피부 다 포기하고 '망해도 좋으니' 우리만의 이야기를 담아 찍어보자 했다.

궁리를 하던 중 어느 블로그에서 '카메라 리모컨과 삼각대를 활용한 셀프 촬영법'을 발견했다. 유레카! 리모컨이 있으면 우아하고 간편하게 셔터를 누를 수 있고, 삼각대가 있으면 손 떨림 없이 신랑·신부는 물론 멋진 배경까지 커다랗게 담을 수 있었다. 당장 신랑은 내 카메라와 호환이 되는 리모컨과 삼각대를 인터넷으로 주문했다. 그렇게 마련한 리모컨과 삼각대는 결전의 그날 우리의 셀프 웨딩 촬영을 문제없이 이끈 일등 공신이었다!

웨딩촬영

셀프 촬영의 첫 단추, 장소 선정

　자, 장비 문제를 해결했으니 이제부터는 본격적으로 셀프 웨딩 촬영을 준비해보자. 셀프 웨딩 촬영의 준비 과정은 결혼식 준비 과정의 축소판이다. 마찬가지로 기획, 연출, 제작 단계를 거쳐 완성된다.

　기획 단계에서 가장 굵직한 일은 바로 '장소 선정'이다. 어디서 찍을 것인가? 이에 대한 답변은 내가 왜 셀프 웨딩 촬영을 하려는가, 즉 기획 의도에서 출발하면 의외로 찾기가 쉽다.

셀프 웨딩 촬영을 하려는 데는 크게 세 가지 이유가 있다.

- 우리만의 이야기를 담고 싶다.
- 이왕이면 멋진 사진을 남기고 싶다.
- 촬영 그 자체로도 추억이 됐으면 좋겠다.

그렇다면, 자연스럽게 이런 결론이 나온다.

- 우리에게 의미 있는 곳을 촬영지로 삼자. (첫 데이트를 했던 거리, 함께 떠난 첫 여행지)
- 멋진 사진에는 특급 풍경이 빠질 수 없는 법. (초록색이 드넓게 펼쳐진 공원, 파란 바다와 하얀 모래가 대조를 이루는 해변)
- 밑져야 본전, 마음껏 즐기자. 촬영을 빙자한(?) 여행을 떠나도 좋다!

뜬금없이 여행이라니, 의아할지 모르겠다. 그러나 해보면 안다. 포토그래퍼와 동행하는 건 촬영에 방점이 찍히지만, 둘이서 카메라 들고 나서는 일은 여행에 방점이 찍힌다는 것을. 그게 바로 셀프 웨딩 촬영의 쏠쏠한 재미라는 것을!

사진발 잘 받는 웨딩 촬영지

둘만의 추억을 간직한 공간은 저마다 다르겠지만, 흔히 '사진발 잘 받기로' 검증된 장소들은 스냅 사진작가들에 의해 얼추 선별되어 있는 편이다. 셀프 웨딩 촬영지로 인기가 높은 전국의 명소들을 꼽아봤다.

● 서울 / 올림픽공원, 선유도공원
초록이 뒤덮인 공원은 지역을 불문한 웨딩 촬영의 메카. 나무를 배경 삼아 찍으면 편안한 느낌으로, 돗자리와 피크닉 박스, 자전거를 활용하면 상큼한 느낌으로 한곳에서 다양한 컨셉을 시도할 수 있어 좋다. 게다가 교통도 편리하다.

● 경기 / 화성 우음도
원래는 섬이었으나 시화방조제가 완공되면서 육지가 된 곳이다. 끝이 보이지 않을 정도로 넓은 갈대밭이 거칠면서도 황홀한 분위기를 자아낸다. 노을 질 무렵이면 갈대들이 태양 빛을 머금어 황금 들판을 이루는데, 그 아름다움은 형언하기 어려울 정도다.

● 강원 / 춘천 남이섬

드라마 〈겨울연가〉의 촬영지로 워낙에 유명한 섬. 연인들의 필수 여행 코스이기도 하다. 나무가 우거진 아름다운 숲길은 아무렇게나 찍어도 그럴싸한 컷을 선사한다. 자전거를 대여해 소품으로 활용해도 좋다. 다만, 유명세만큼 많은 관광객이 찾는 곳이므로 시간대를 잘 선택하거나 한적한 스팟을 찾는 게 중요하다.

● 대전 / 신탄진 메타세콰이어 숲, 대청호 로하스길

메타세콰이어 숲은 지역을 막론하고 사진작가들의 출사지로 사랑받는 곳이다. 영국의 왕실 근위대를 연상케 하는 꼿꼿한 기세의 나무들이 어디서도 볼 수 없는 장관을 만들어낸다. 2013년 '사진 찍기 좋은 녹색 명소'로 선정된 바 있는 대청호 로하스길도 촬영 장소로 염두에 둘 만하다.

● 대구 / 달성습지, 계산성당~3·1운동 계단~선교사 주택

달성습지는 눈으로 보는 것도 아름답지만, 사진에 담으면 그 아름다움이 훨씬 잘 살아나는 곳이다. 날것 그대로의 자연과 신랑·신부룩은 은근히 궁합이 잘 맞아 내추럴한 감성 사진을 이끌어낸다. 대구 중구청의 근대골목투어 코스이기도 한 계산성당~3·1운동 계단~선교사 주택 또한 웨딩 촬영지로 손색이 없다.

- 부산 / 기장 죽성성당, 송정해수욕장, 구 송정역 철길

드라마 〈드림〉의 촬영세트장으로 지어져 '드림성당'으로 불리기도 하는 죽성성당은 하얀 건축물과 파란 바다가 어우러져 이국적인 풍경을 만들어내는 곳이다. 차로 10분 거리의 송정해수욕장과 인근에 있는 구 송정역의 철길까지 아울러 찍으면 웨딩 사진으로 찍을 수 있는 웬만한 컨셉은 대부분 섭렵할 수 있다.

- 전주 / 전주한옥마을, 전동성당

단아한 이미지의 웨딩 사진을 원한다면 전주 한옥마을이 제격이다. 다만, 연중 내내 사람들로 붐비니 이른 오전 시간대를 이용하는 것이 좋다. 전동성당은 한옥마을 입구에 위치하고 있는데, 유럽 느낌이 물씬 나는 로마네스크 양식의 건축물이 한옥과 나란히 자리하고 있어 흥미롭다.

- 제주 / 성이시돌 목장, 협재·금릉해수욕장

성이시돌 목장의 이국적인 건축양식으로 지어진 테쉬폰은 빈티지하면서도 감성적인 멋이 있어 웨딩 스냅·데이트 스냅 촬영지로 인기 있는 곳이다. 하얀 모래와 에메랄드빛 바다가 환상적인 협재해수욕장, 그와 차로 3분 거리에 있는 금릉해수욕장도 빼놓을 수 없는 촬영 명소. 협재·금릉해수욕장에 가기로 했다면 노을은 무조건 찍어야 한다. 빛이 예술인 데다 낭만적인 분위기를 연출하기에 그만이다.

웨
딩
촬
영

셀프 촬영의 필수템,
샘플 사진

　　　　장비도 갖추었고 장소도 정했다면, 이제는 어떻게 찍을지를 고민할 차례다. 눈치채셨겠지만, 나의 작은 결혼식은 성실하다 못해 집착적으로 매달린 검색의 산물이었다. 특히나 사진을 어떻게 찍을 것인가, 다시 말해 어떤 포즈가 좋을까에 대한 문제는 좀처럼 자신이 없는 영역이었으므로 나는 학창 시절 부족한 과목을 나머지 공부하듯 더욱 열렬히 예습에 몰두했다. 인터넷 검색창에 '해외 웨딩 사진' '외국 웨딩 스냅' '셀프 웨딩 사진' 등의 단어 조합을 써넣으며 이미지 찾기에 열중했던 것이다. 마음에 드는 사진은 휴대폰에 캡처해두었다가 그대로 따라 할 생각이었다. 멋진 모델이 될 수는 없어도, 멋진 모델을 따라 할 수는 있을 것 같았다. 샘플 사진과 똑같이는 못해도 비슷하게나마 흉내를 내면 최소한 뻣뻣한 몸치는 벗어날 수 있을 테니까.

과연 인터넷은 정보의 바다였다. 눈동자 굴리기가 바쁠 만큼 엄청나게 많은 이미지가 나를 향해 꼬리를 살랑이며 흔들고 있었다. 나는 얼른 낚시질을 시작했다. 고기를 잡아 올리는 데는 나름의 원칙이 있었다. 일단 보기 좋은 것 (그러니까 그림이 예쁜 것), 미리 점찍어둔 장소에서 응용할 수 있는 것, 그리고 아이디어가 탐나는 것이었다. 물론, 내가 따라 할 수 있느냐 없느냐가 결정적인 기준이 됐다.

그렇게 모은 샘플 사진은 단연코 신의 한 수(!)였다. 덕분에 시행착오가 크게 줄었고, 이렇게 해볼까 저렇게 해볼까 하는 버퍼링 없이 뚝딱뚝딱 사진을 찍어나갈 수 있었던 것이다. 급기야 몸이 풀리면서는 샘플 사진에서 아이디어를 얻어 우리만의 컨셉을 재생산해내기도 했다. 결혼식 준비를 위해 신랑이 부산을 다녀가는 참에 촬영해야 했으므로 시간이 넉넉하진 않았지만, 원하는 사진들을 뽑아내는 데는 크게 무리가 없었다. 그건 마치 자유여행을 떠날 때 가이드북을 챙기는 것과 같은 이치였다. 정해진 일정 안에 많은 것을 둘러보려면 가이드북만큼 유용한 게 없지 않은가? 셀프 웨딩 촬영에서는 부지런히 모아둔 샘플 사진이 바로 여행의 가이드북과 같은 역할을 했다.

셀프 웨딩 촬영에 있어 가장 중요한 게 뭐냐고 묻는다면 나는 단번에 말할 것이다. 샘플 사진을 가능한 한 많이 쟁여둘 것!

해외 웨딩 인스타그램 BEST 3

샘플 사진을 구하는 데 이미지 검색만으로 부족하게 느껴진다면, 해외 웨딩 인스타그램을 참고하는 것도 큰 도움이 된다. 서양 특유의 자연스럽고 멋스러운 사진들에서 아이디어를 얻어보자. 참고할 만한 해외 웨딩 인스타그램 세 곳을 소개한다.

@hellomaymagazine

호주에서 발행하는 웨딩잡지 〈HELLO MAY〉의 인스타그램 계정. 꾸민 듯 꾸미지 않은 자연스러운 웨딩 사진들이 인상적이다. 작은 결혼식을 꿈꾼다면 한 번쯤 꼭 접속해볼 것. 공식 홈페이지(hellomay.com.au)에도 응용할 만한 이미지가 가득하다.

@weddingphotoinspiration

샘플 사진을 구하려는 의도에 가장 적합한 인스타그램. 계정 이름에 걸맞게 그야말로 나의 웨딩 사진에 영감을 불어넣어줄 다채로운 시안이 잔뜩 모여 있다.

@brides

미국의 웨딩잡지 〈BRIDES〉가 운영하는 인스타그램이다. '웨딩의 모든 것(source for all things wedding)'을 내세운 잡지인 만큼, 샘플로 삼을 만한 웨딩 사진은 물론, 청첩장·식장 데코·테이블 스타일링에 이르기까지 다양한 인사이트를 얻을 수 있다.

샘플 사진 응용한
셀프 웨딩 사진 촬영기

● **빛바랜 부모님의 결혼 사진을 들고 찰칵!**

작은 결혼식은 우리네 결혼 문화에서 바라보면 어쩔 수 없는 신랑·신부의 이기적인 선택이다. 아마도 부모님은 자녀의 결혼을 알리면서 주변의 훈수를 감내하셔야 하는 일이 많았을 것이다. 그런 부모님이 아니었으면 우리의 스몰웨딩은 존재할 수 없었다. 감사의 마음을 담아 부모님의 웨딩 사진을 들고 우리의 웨딩 사진을 찍어보았다.

● 사랑하는 반려견과 함께 찰칵!

결혼 전에는 친정집에서 반려견 복댕, 짱과 함께 살았다. 큰언니이자 큰누나의 결혼식에 막둥이들이 빠질 수 없는 법. 생각 같아서는 복댕에게 베일을 씌우고 짱에겐 보타이를 매어 동반 촬영하고 싶었으나, 복댕은 신랑에게 낯을 무시무시하게(무지무지하게가 아니라) 가렸고, 짱은 산만하기로는 둘째가기 서러울 만큼 열정적인 아해인 탓에 성사되지 못했다. 아쉬운 대로 짱을 안고 후다닥 찍어 한 컷을 건졌다.

● 연예인의 웨딩 화보를 참고해서 찰칵!

연예인의 웨딩 화보는 수많은 전문가가 합심해 만들어내는 하나의 작품에 가깝다. 한 장의 사진 속에 에디터, 모델, 아티스트, 스타일리스트, 포토그래퍼의 노하우가 집적되어 있다. 단기간에 벼락치기로 감을 잡는 데 이만한 자료도 없다. 나 역시 연예인들의 웨딩 사진에서 많은 도움을 얻었다.

■
웨
딩
촬
영

의상과 소품으로
분위기 살리기

굳이 나누자면 여기부터가 연출 단계에 해당한다. 기획 단계의 구상을 구현해내는 작업이다. 어디서 어떻게 찍을 것인지를 궁리하는 동안 머릿속에는 여러 가지 장면이 그려졌을 것이다. 장면 하나하나의 디테일을 채워가보자. 느낌을 더욱 잘 살려낼 수 있도록 필요한 의상과 소품을 마련하는 것이다.

나의 경우, 셀프 웨딩 촬영을 위한 드레스를 따로 사지는 않았다. 본식용으로 사둔 빈티지 웨딩드레스만으로도 충분할 것 같았다. 흰색 원피스로 새로운 분위기를 내거나 빈티지 감성을 살릴 수도 있었지만, 실용성을 추구하는 성미에 사두고 입지 않을 게 분명했으므로 애초에 살 생각조차 하지 않았다. 이런 데에는 신랑과 유난히 죽이 잘 맞았다. 그 또한 본식용 정장을 입고 사진을 찍었다.

물론 드레스와 정장만으로는 아쉬울 것 같아 서로의 옷장을 열어두고 긴 통화 끝에 웨딩 사진의 심벌인 흰 티셔츠에 청바지부터 다시 유행하는 청청 패션, 깔맞춤한 커플룩까지 다양한 의상을 준비하긴 했다. 그러나 안타깝게도 그걸 다 갈아입으며 찍기에는 시간이 부족했다. 소품 역시 사전에 구상한 컨셉에 따라 필요한 것들로 챙기되, 셀프 웨딩 촬영이란 점을 감안해 실속을 차렸다. 이를테면 이런 식이었다.

- 기획 단계 : 부케와 부토니에의 유래에 관한 이야기가 인상적인데, 그걸 시놉시스로 사진을 찍으면 어떨까?
- 연출 단계 : 그럼 부케랑 부토니에가 필요하겠네. 그런데 셀프 웨딩 촬영은 우리가 스태프 역할까지 해야 하잖아. 꽃이 상할 수도 있으니까 생화 대신 조화를 쓰자.

이 밖에도 나란히 들고 찍을 각자 부모님의 결혼 사진이 있어야 했고, 오솔길을 나란히 걷는 장면에서는 여행 캐리어가 있으면 좋겠다 싶었다. 그러나 그런 의도가 제대로 구현되기란 쉽지 않았다. 오솔길은 군색하고, 캐리어는 서정적이라기보다 너무나 명료하게 찍혀서 내가 원하던 감성 사진에는 한참 미치지 못했다. 아! 뜻대로 안 된들 어떠하리. 이마저도 셀프 웨딩 촬영의 추억인 것을.

인생의, 소풍을 함께 떠나는 친구

 느낌 있는
웨딩 사진을 위한 아이템

촬영에 일가견이 있어 원하는 사진을 척척 뽑아낼 수 있으면 모를까, 셀프 웨딩 촬영은 전문성보다 감성에 초점을 맞추는 편이 무난하다. 예비부부의 풋풋함을 한껏 살려 사랑스럽고 빈티지한 사진을 연출하는 것이다. 이때, 아기자기한 소품들을 활용하면 분위기를 더욱 북돋을 수 있다. 재기발랄한 웨딩 사진을 만들어주는 기특한 아이템들을 모았다.

● 흰 레이스 나풀거리는 양산 / 알록달록 원색 우산

청초한 이미지 제대로 살려주는 흰 레이스 양산은 일반 웨딩 사진에서도 심심치 않게 등장하는 아이템. 보다 경쾌한 느낌을 내고 싶다면 빨강 우산, 파랑 우산, (찢어진 우산은 빼고!) 무지개 우산을 준비하자.

● 결혼 문구를 넣은 가렌드

'just married' 'save the date' 등의 문구를 넣은 가렌드도 빈티지한 분위기를 북돋워주는 기특한 소품이다. 종이와 끈, 간단한 문구 용품만 있으면 직접 만들기도 까다롭지 않으니 DIY를 시도해보는 것도 좋다.

- **앙증맞은 프롭스**

통통 튀는 매력을 어필하고 싶다면 프롭스를 활용하자. 특별한 디테일 없이도 프롭스 하나면 유쾌한 사진을 얻을 수 있다. 가렌드와 더불어 자체 제작이 용이한 아이템. 시중 구입가도 저렴한 편이다. 주로 테마별 세트로 판매하는데 대략 1만 원 안팎 수준이다.

- **둘만의 커플링**

결혼을 앞두고 맞춘 반지, 본식까지 케이스에만 모셔두지 말고 웨딩 촬영 때 꺼내 활용해보자. 네 번째 손가락에 끼고 찍어도 로맨틱하지만, 앞의 77쪽 사진처럼 반지 자체만으로도 느낌 있는 이미지를 만들어낼 수 있다.

- **풍선**

풍선은 그 자체로 파티를 떠올리게 하는 좋은 아이템이다. 색색의 풍선을 그러모아 들고 있는 것만으로도 발랄한 웨딩 사진을 연출할 수 있다. 게다가 촬영 전, 직접 풍선을 불면 경직된 얼굴 근육까지 풀 수 있으니, 일석이조의 촬영 소품!

프롭스

가렌드

부케, 소박한 꽃팔찌가 되다

"미희야, 하루만 시간 좀 내주라."
"무슨 일 있어?"
"부케로 꽃팔찌 만들려고 하는데, 네 손재주 좀 빌리자!"
"나도 한 번도 해본 적 없는데, 정녕 나를 믿어?"
"믿어!"

어린이집 선생님으로 오래 근무한 미희는 그림책도 쓱싹쓱싹, 장난감도 뚝딱뚝딱 만들어내곤 했다. 내겐 죽었다 깨어나도 없을 재주다. 사정이 그러하니, 차라리 솜씨 있는 친구에게 도움을 청하는 편이 현명하다고 옛날 옛적 이미 결론을 내렸더랬다. 사실 대학 시절 군대 간 남자친구에게 보낸 위문품 중에는 미희의 손길을 빌린 물건이 많았다. 과자 봉지 하나도 그녀를 통하면 그럴싸한 선물이 되었으니, '이번이 마지막!'이란 말을 번번이 주워담을 수밖에. 10년 사이 달라진 게 있다면 이제는 아예 마지막이란 얘길 꺼내지 않는다는 거다. 지키지 못할 게 빤하니까.
결혼식을 구상하던 맨 처음부터 본식 당일에는 부케를 들지 않을 생각이었다. 식전 세팅도 해야 하고, 식중엔 서약서나 마이크도 들어야 하며, 식후엔 이 테이블, 저 테이블 인사하러 쫓아다닐 것이었으니 손이 자유로우면 좋았다. 그러니 부케 대신 꽃팔찌를 하면 어떨까 싶었다. 촬영 때 쓴 부케를 재활용해서 말이다.

며칠 후, 우리는 어느 카페에 모여 제대로 판을 폈다. 한 번도 해본 적이 없다던 미희가 예습까지 해온 덕분에 작업은 순조롭게 진행됐다. 부케를 해체한 후, 그 꽃을 리본에 옮겨 달아 팔찌를 만들었다. 조화라서 다루기도 수월했다. 미처 준비하지 못한 문구류는 카페 직원에게 빌렸다. 결혼을 앞둔 신부에게 사람들은 무척 너그러웠다. 민폐 고객이 따로 없는 모양새였는데도 오히려 직원은 더 필요한 것이 없느냐며 살뜰하게 살폈다. 마지막엔 축하 인사도 건넸다. 이름도 성도 모르는 누군가의 예고 없는 축복이 그토록 고마울 수가 없었다.

이윽고 하나의 부케는 세 개의 꽃팔찌로 재탄생했다. 특별히 꽃을 세 개 단 게 내 것이었고, 남은 건 미희와 동생 민경의 차지가 됐다. 공교롭게도 둘은 결혼식 도우미이기도 한 바람에 어쩌다 보니 꽃팔찌가 하객들에겐 결혼식 스태프를 알리는 표식이 됐다. 결혼 후에는 그것을 신혼집 한켠에 곱게 놓아두었다. 이따금 가만히 들여다보면 15년 지기의 사랑, 낯선 이의 배려, 하객들의 미소가 그득 담긴 꽃팔찌에서 다정한 기운이 퐁퐁 솟는다. 셀프의 매력이란 아마도 이런 것이리라.

■ 웨딩촬영

헤어·메이크업만은
전문가에게 맡겨라

아마도 이 책을 통틀어 '비(非)셀프'를 권하는 유일한 대목이 아닐까 싶다. 물론, 나중에 포토그래퍼에게 본식 촬영을 의뢰하는 내용이 나오긴 하지만 그건 애초부터 신랑·신부가 셀프로 할 수 없는 일이니, 여기선 논외로 두자.

셀프로도 가능한 헤어·메이크업을 굳이 비셀프로 하라고 추천하는 이유는 이렇다. 셀프 웨딩 촬영은 기술적인 리터칭을 받기 어려운 만큼 촬영할 때부터 최대한 완성도를 높이는 게 중요하다. 또한 헤어·메이크업을 어떻게 연출하느냐에 따라 사진의 느낌도 크게 달라진다. 마땅히 투자해도 좋을 만한 종목인 것이다. 왕년에 화장 좀 해본 솜씨가 아니라면 말이다.

평소 선블록, 비비크림, 립 틴트로 초간단 화장을 하고, 머리가 처치 곤란이 될 때에야 미용실에 가 '관리하기 쉬운 스타일이면 다 괜찮다!'고 주문하는 나로서는 전문가에게 맡기는 편이 훨씬 나았다. 일찌감치 집과 촬영지에서 가까운 몇몇 샵에 전화를 걸어 일정과 비용 등의 조건을 협의했다. 흥미로운 건 웨딩, 데이트 스냅이 유행하면서 '스냅 촬영용 헤어·메이크업 상품'을 발 빠르게 마련해둔 곳도 있더라는 거다. 인기 상품이 분명해 보였다. 호기심을 보이는 내게 직원은 막힘없이 설명을 이어갔다. 요약하자면 사진이 잘 나오도록 얼굴 톤은 밝혀주되 신부 화장처럼 진하지 않은 화장이었다. 헤어스타일에도 자기만의 스타일이 있는 것 같았다. 프로 느낌은 있었지만, 어쩐지 내 의견을 반영해줄 것 같지는 않아 관두었다. 나는 그동안 모아둔 샘플 사진들을 보여주고 '나만의 컨셉'을 논의하며 만들어갈 아티스트가 필요했다. 몇 군데 더 전화를 넣은 후에야 괜찮은 샵을 찾을 수 있었다. 거리가 가깝고, 가격이 적당하며, 한 번에 한 팀만 예약을 받아 아티스트와 충분히 대화를 나눌 수 있는 곳이었다. 실력은 판단할 근거가 없으니 둘째 문제로 두었는데 다행히 나쁘지 않았다. 내친김에 본식 헤어·메이크업까지 같은 데서 하기로 했다.

샵 가기 전, 빈틈없이 준비할 것들

● **원하는 스타일이 담긴 사진을 여러 장 챙겨 가라**

샵에 가기 전 내가 원하는 헤어·메이크업을 보여줄 수 있는 사진 몇 장을 준비해 가면, '생각하신 스타일 있으세요?'라는 질문에 막막해질 일이 없다. 헤어·메이크업은 보통 이른 아침부터 시작하는데, 준비성이 철저한, 야무져 보이는 신부는 잠에서 덜 깬 아티스트에게 적당한 긴장감을 불어넣어 그의 실력을 십분 이끌어낼 것이다.

● **나중에 필요할 일을 미리 요청하라**

아티스트는 내가 샵에 머무르는 동안만 일할 뿐이다. 샵을 나와서부터는 전적으로 내 몫이다. 촬영 일정을 머릿속으로 미리 그려보고 아티스트에게 요구할 것이 있다면 미리미리 청하자. 가령, 바닷가에서 사진을 찍을 생각이라면 애써 가꾼 머리가 바람에 흩날릴 수 있으니 단단히 고정해달라고 말하고, 샵에서 나오기 전에는 수정 메이크업에 필요한 립, 파운데이션 제품을 조금 덜어달라고 요청한다.

● **마음에 들면 본식 헤어·메이크업도 같은 곳에서 하라**

말만 잘하면 에누리가 가능할 수 있을뿐더러 일면식이 있으면 아무래도 스타일을 논의하기가 수월하다.

웨딩촬영

시간을 쫀쫀하게 활용하는 팁, 촬영계획표

빛의 영향을 많이 받는 야외 촬영의 경우, 온종일 찍는다고 해도 막상 찍을 수 있는 시간은 얼마 되지 않는다. 해가 정수리에 꽂히는 한낮에는 인물이 예쁘게 나오기가 어렵고, 사진이 잘 나오는 이른바 '매직 아워(magic hour)'는 기껏해야 일몰 전후 한 시간 정도다. 따라서 시간을 쫀쫀하게 활용하려면 촬영 계획을 미리 세워두는 게 도움이 된다.

먼저 시간대에 따라 굵직한 촬영지부터 배치하자. 예를 들어, 카페나 미술관 등의 실내 촬영을 염두에 두고 있다면 정오즈음이 좋을 것이다. 강한 햇빛으로 인해 얼굴에 그림자가 지기 쉬워 어차피 야외 촬영도 어렵기 때문이다. 반면 '마법의 시간'인 일몰 전후에는 무슨 일이 있어도 자연 한가운데를 사수해야 한다. 이때 자연의 빛은 특별한 보정이나 효과를 처리하지 않아도 제법 근사한 사진을 만들어준다. 사진작가들이 불문율처럼 '늦은 오후부터 해 질 녘까지' 집중적으로 작업하는 데는 그만한 이유가 있다.

이런 식으로 큰 틀을 잡아놓은 후, 나머지 장소들은 동선이 편리하게끔 사이사이에 끼워넣으면 된다. 메모 여백에 관련 업체나 담당자 이름, 전화번호도 함께 적어두면 필요한 순간에 요긴하다. 드레스 챙기랴 소품 챙기랴 정신없는 와중에 휴대폰 찾고 수첩 뒤적이는 일을 번잡하게 하지 않아도 되는 것이다.

AM		PM	
8:00	헤어·메이크업샵 (051-000-0000, 김OO 원장)	12:00	송정 카페 거리 – 간단한 점심, 실내 촬영
10:00	요트 경기장	2:00	구 송정역 철도길
11:00	센텀 영화의 거리 – 광안대교	3:30	기장 OO마을 시골길
		5:00	기장 죽성성당 – 바다 배경

사실 처음에는 시간 낭비를 줄이기 위해 촬영계획표란 걸 만들기 시작했더랬다. 무려 돈과 시간을 '투자해' 단장까지 했는데, 길에서 시간을 흘려버리면 그것만큼 아까운 게 없을 것 같아서 세운 나름의 방책이었다. 그런데 계획표는 예상치 못한 데서도 기특한 효자 노릇을 했다. 촬영을 하다 보면 누구나 겪는 곤란한 일이 '한 번만 더' 증후군의 발동이다. 한 번만 더 찍으면 수작(秀作)이 나올 것 같은 강렬한 착각에 사로잡혀 자꾸만 발목이 붙잡히는 것이다. 한 번 밀린 시간은 도미노처럼 밀리고 밀려 잘못하면 가야 할 촬영지를 포기해야 하는 불상사가 생기기도 한다.

하지만 촬영계획표가 있으니 그럴 염려가 없었다. 촬영지에 도착한 순간부터 떠나야 하는 시각을 알고 있으니 한 컷 한 컷을 마지막인 양 공들였던 것이다. 그러다 시간이 되면 미련 없이 재깍 다음 촬영지로 옮겨 갔다. 그런 의미에서는 스테이지 클리어 게임 같기도 했다. 승부욕이라면 누구에게도 뒤지지 않을 우리는 누구보다 열심히 게임을 즐겼다. 퍼펙트 클리어, 미션 컴플리트!

촬영 후
짬뽕 한 그릇의 행복

MY SMALL WEDDING DIARY

미션을 완수하자마자 우리가 달려간 곳은 집 근처 달인의 짬뽕집이었다. 이른 아침부터 강행군을 한 데다, 요기를 한다고 했지만 몸을 꽉 죄는 드레스 때문에 참새 모이만큼 주워 먹었으니 종일 굶은 거나 다름없었다. 화장을 지울 새도 없이 옷만 후딱 갈아입고 짬뽕을 먹으러 냅다 달렸다. 과연 국물 맛은 기가 막혔다. 조금 전 순백의 드레스를 입었던 예비신부의 모습은 오간 데 없이 먹성 좋게 한 그릇을 비우고는 부른 배를 둥기둥기 두들겼다. 행복이 별건가? 이게 바로 행복이지. 사진이라도 한 장 찍어두었으면 좋았을 텐데. 아, 먹느라 너무 행복했던 탓에!

■ 웨딩촬영

이 순간만큼은 우리가 주인공

　　싸움 구경이 제일 재미있다고 했던가? 모르는 소리! 싸움 구경보다 재미있는 게 누군가의 웨딩 촬영 구경이다. 게다가 셀프 웨딩 촬영은 누가 봐도 신랑·신부인 차림으로 둘이서 북 치고 장구 치고 하는 일이니 구경하는 입장에서는 이만한 재밋거리도 없다.

　　우리는 5월의 어느 주말에 촬영했다. 어딜 가나 나들이객들로 붐빌 때였는데, 촬영지로 꼽아놓은 데는 죄다 이름난 곳들이니 수많은 관객이 동원될 게 자명했다. 예상은 빗나가지 않았다. 리모컨으로 웨딩 사진을 찍는 희귀한 광경을 사람들은 호기심 넘치는 눈빛으로 바라보았다. 오후가 될수록 그 수는 더 늘었다. 몇몇 극성스러운 중국인 관(광)객은 대놓고 휴대폰을 꺼내 우리를 찍어대기도 했다. 짐작 못한 시나리오도 아니었으니 아무렇지 않은 척하자, 하면서도 내심 신경이 쓰였다.

완벽하게 똑같은 상황을, 입장을 바꿔서 겪은 건 신혼여행을 떠난 뉴욕에서였다. 월스트리트의 페더럴홀 국립기념관 근처를 지나는데 어느 커플이 친구들과 함께 웨딩 사진을 찍고 있었다. 발길을 멈추고 지켜보는 사람들이 하나둘 늘기 시작했다. 아니, 그 커플이 하도 왁자지껄해서 사람들의 발길을 붙잡았다는 게 맞는 표현일 것이다. 나도 무리에 섞여 그들을 바라보다가 가방에서 휴대폰을 꺼내 흥미로운 장면을 포착하기 시작했다. 극성스러운 관(光)객의 모습을 내가 하게 된 셈이었다. 주변을 둘러보니 나 말고도 극성 관객이 얼마간 더 있었다.

고개를 돌려 다시 예비부부를 보았다. 그들은 늘어가는 시선들에도 아랑곳없이 촬영을 계속했다. 오히려 더욱 신나 보이기까지 했다. 낯선 사람들의 뜨거운 관심을 두 사람은 진정으로 즐기는 것 같았다. 내 입가에도 슬며 웃음이 번졌다. 나도 모르게 새로이 시작하는 인생들을 향해 응원을 보내고 있었다.

그제야 깨달았다. 그날 나를 향했던 많은 시선도 이렇게 따뜻했을 거라고 말이다. 그러니 즐겨보자, 관객의 시선마저도!

점검!
셀프 촬영 준비물

MY SMALL WEDDING TIP

- ☑ 카메라, 삼각대, 리모컨
- ☑ 샘플 사진 ★★★★★
- ☑ 웨딩드레스, 턱시도, 그 외 커플룩
- ☑ 부케, 부토니에, 우산(양산), 풍선, 가렌드, 프롭스 등 소품
- ☑ 헤어 & 메이크업, 촬영계획표
- ☑ 타인의 시선까지 기꺼이 즐기는 마음 ★★★★★★★★★

| MY SMALL WEDDING DIARY | 허니문 가서 웨딩 촬영하기 |

허니문 웨딩 촬영이라고 해서 그리 거창할 것은 없다. 그저 여행 가방 속에 원피스와 정장 한 벌, 여유가 된다면 소품 몇 개 더 챙겨 가면 된다. 최근에는 현지에서 활동하는 포토그래퍼들이 신혼부부를 대상으로 허니문 스냅 촬영을 해주기도 하지만 (푸켓, 발리, 칸쿤, 하와이, 뉴욕, 파리, 로마, 바르셀로나와 같이 핫한 신혼 여행지 대부분에서 이루어지고 있다) 우리는 지금껏 그랬던 것처럼 '우리 스타일대로' 찍기로 했다. 카메라와 삼각대, 리모컨을 비행기 태워 뉴욕까지 챙겨간 것이다. 그러나 뉴욕은 왜 그리 볼 것도, 할 것도, 먹을 것도 많은지! 호기심 많은 우리는 졸래졸래 다니느라 웨딩 촬영은 줄곧 관심 밖으로 밀려나 있었다. 더는 미루기 곤란한 때가 되어서야 벼락치기로 찍었다. 그 또한 '우리 스타일'이었다. 여기저기 쏘다니며 미리 점찍어둔 스팟들, 영화 〈섹스 앤 더 시티〉에서 캐리와 빅이 결혼식을 올리려 했던 '뉴욕공립도서관'과 바로 옆에 위치한 작지만 사랑스러운 공원 '브라이언파크', 그리고 가장 뉴욕스러운 거리 '브로드웨이'를 단 두 시간 만에 주파하며 셀프 촬영을 했다.

벼락치기가 좋은 이유 중 하나는 거기에 몰두하느라 잡념을 떠올릴 겨를이 없다는 데 있다. 하필이면 출근 시간대와 겹치는 바람에 공원이며 길이며 사람들이 마구 쏟아져나왔다. 뉴요커는 헐리우드 스타가 지나가도 돌아보지 않는다지만 딱히 그렇지도 않은 모양이었다. 바삐 가다가도 멈칫 서서 우리를 흥미롭게 관찰하는

사람들이 꽤나 많았다. 뉴욕의 아침을 카메라에 담던 어느 남미 포토그래퍼의 렌즈가 우리를 향하기도 했다. 그러나 한국에서처럼 신경이 쓰이지는 않았다. 낯선 나라여서 자유로운 면도 있었지만, 빠듯한 시간 때문에 주변을 일일이 둘러볼 새도 없었던 것이다. 우리는 좀 더 대담하게(!) 뽀뽀신까지 연출해가며 휘리릭 촬영을 끝냈다.

헤어·메이크업은 고사하고, 금쪽같은 여행 시간을 쪼개고 쪼개어 게 눈 감추듯 찍은 사진이건만 우리의 허니문 웨딩 사진을 본 친구들은 전문 스냅 작가가 찍어준 줄 안다. 우리끼리 찍었다고 하면 동그래진 눈으로 다시 가만 들여다본다. 그만큼 때깔이 괜찮은 것이다. 배경의 힘이란 이토록 놀라운 바! 허니문 웨딩 촬영은 꼭 한번 시도해보자. 게다가 그 사진들은 두고두고 신혼여행의 달콤한 기억들을 소환할 테니, 이 얼마나 로맨틱한 일인가!

전문 포토그래퍼의 '보정이 필요 없는 촬영 팁'

양성진 실장님과는 계간지 사보를 같이 만들고 있어 계절마다 만나는 사이다. 셀프 웨딩 촬영 후 살리기도 버리기도 애매한 몇 장의 사진을 어떻게 하면 좋을지 고민하던 찰나, 취재가 잡힌 것은 내게 행운이었다. "실장님, 사진 좀 살려주세요!"라는 밑도 끝도 없는 부탁을 흔쾌히 수락하셨고 내 품을 떠나간 사진들은 그의 손길을 통해 '때깔'이 달라졌다. 궁여지책으로 보정을 해주시긴 했지만, 사실 '잘만 찍으면 후보정이 필요 없다'는 게 양 실장님의 지론. 미리 알았더라면 좋았을 그의 조언을 공유한다.

Q 셀프 웨딩 촬영을 할 때 가장 유의해야 할 점은 무엇인가요?
웨딩 촬영을 포함한 인물 촬영의 가장 중요한 포인트는 바로 '빛'입니다. 밝고 뽀샤시한 느낌을 내려면 얼굴에 빛을 어떻게 넣느냐, 바꿔 말해 얼굴에 그림자가 지지 않도록 촬영하는 게 관건이에요. 제가 의뢰받는 셀프 웨딩 촬영 보정의 90% 이상은 인중, 턱 밑, 광대 밑 등에 짙게 드리워진 그림자가 문제인 경우가 많습니다. 보정이 불가능한 건 아니지만 시간도 오래 걸리는 데다 어색한 사진이 되어버릴 확률이 높아 보정 불가로 돌려보내는 경우도 있어요.

Q 그렇다면 어떻게 찍어야 좋은 사진을 얻을 수 있을까요?

나들이 간다는 느낌으로 친구들 두세 명과 같이 나가세요. 그리고 친구들에게 반사판을 들어달라고 하세요. 사진 장비 중 가격 대비 가장 큰 효과를 얻을 수 있는 게 바로 반사판입니다. 인터넷 쇼핑몰에서 2만 원 안팎이면 지름 1미터의 적당한 반사판을 살 수 있어요. 반사판은 야외 촬영 시 얼굴에 드리우는 그림자를 부드러운 광원으로 보완해준답니다. 메인으로 쓸 사진의 포즈와 표정도 몇 가지 선택해가는 게 좋습니다.

렌즈의 경우에는 심도(F)가 낮은 것을 사용하면 배경을 날려 단순화시킴으로써 피사체에 집중되고 뽀샤시한 분위기의 사진을 얻을 수 있어요. 초심자가 할 수 있는 최고의 기술이지요. 추천 렌즈로는 50mm 1.4, 85mm 1.2나 85mm 1.4가 있는데요. 고가의 렌즈를 구입하기보다는 렌탈샵을 활용하세요. 24시간 기준 3만 원 미만으로 대여할 수 있습니다.

또, 야외 촬영 시 사진이 가장 예쁘게 나오는 시간은 일출과 일몰 때입니다. 다양한 표정과 포즈로 소품들도 이용해서 최대한 많이 촬영하시고, 주변의 시선에 창피해하지 마세요. 창피함은 순간이고 사진은 영원합니다. 표정이나 분위기가 잡히지 않으면 맥주 한두 캔 정도 마시는 것도 좋습니다. (^^)

촬영 시에는 카메라의 저장 파일을 반드시 JPG가 아닌 RAW 파일(확장자 NEF(니콘)나 CR2(캐논)로 저장하세요. JPG와 RAW 파일을 동시에 저장시키는 것도 좋은 방법입니다. 후보정 능력이 없더라도 나중을 위해 RAW 파일은 꼭 필요합니다. 자신이 보정을 하든 다른 디자이너에게 맡기든 보정할 수 있는 범위를 크게 확장시키니, 꼭 기억하세요!

마지막으로 후보정은 하지 않겠다는 마음가짐으로 촬영에 들어가야 합니다. 포토샵이 만능 툴이긴 하지만 숙련되지 않으면 오히려 사진을 망칠 위험성이 크니까요.

Q 그럼에도 불구하고 보정이 불가피할 경우 팁을 주신다면요.

사진의 노출(Exposure)과 채도(Saturation)만 만져보세요. 이 두 가지 조절만으로도 분위기 있는 사진을 얻을 수 있습니다. 다만, 위아래로 30% 이상은 넘어가지 않는 게 좋아요. 인화 시 이미지가 깨질 확률도 높아집니다.

Q 끝으로 셀프 웨딩 촬영을 하려는 분들에게 한마디해주세요.

셀프 촬영에는 절약된 비용만큼 예비부부의 노력과 시간 투자가 필요하다는 걸 잊으시면 안 돼요. 전문 포토그래퍼의 노력을 신랑·신부가 직접 해야 하니 힘들고 때론 짜증이 날 수도 있겠지만, 꼭 즐거운 마음으로 촬영에 임하세요. 미래의 자녀들에게 보여줄 당신의 역사니까요. 활짝 웃으세요!

초보자를 위한, 밋밋한 사진에 드라마틱한 효과 내기

양 실장님의 손을 거쳐 돌아온 사진 가운데 나는 부모님의 결혼 사진을 함께 들고 찍은 사진이 가장 마음에 들었다. 전체를 흑백으로 두고 강조할 부분만 컬러 처리를 한 것이었는데, 그것만으로도 다소 평면적이던 사진이 입체적인 효과를 입었더랬다.

그래서 무턱대고 '사진을 살려달라' 했던 그때처럼 이번에는 '방법을 알려달라'고 졸랐다. 초보자들의 포토샵 이용을 워낙 우려하시기에 '그럼 (초보자의 대명사 격인) 내가 해보고, 되면 싣겠다'는 조건을 걸어 어렵사리 승낙을 구해냈다. 그리고 며칠 후 메일이 도착했다. 이해하기 쉽도록 사진까지 곁들여 친절하게 적은 가이드였다. 여기에 옮겨 적고 있으니, 자체 실험을 무사히 통과했다는 얘기. 차근차근 따라 해보면 포토샵으로 밋밋한 사진에 드라마틱한 효과 내기, 초보자도 어렵지 않다.

1단계 Polygonal Lasso Tool 선택하기

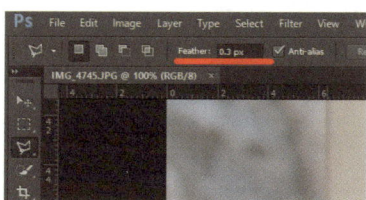

2단계 Feather 값은 0.3으로 설정하기

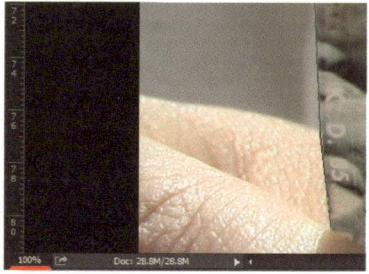

3단계 이미지를 100% 확대시켜 선 따기
(확대는 Ctrl+스페이스바+클릭)

4단계 선 따는 작업이 완료되면 Ctrl+J로 선택영역 복사하기

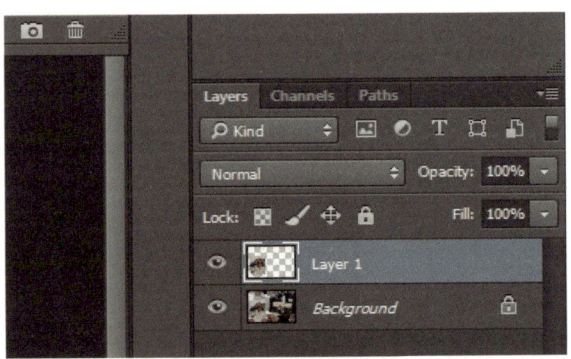

5단계 복사된 레이어 확인하기

6단계 레이어 창의 Background 선택 후 다른 사진 선 따기

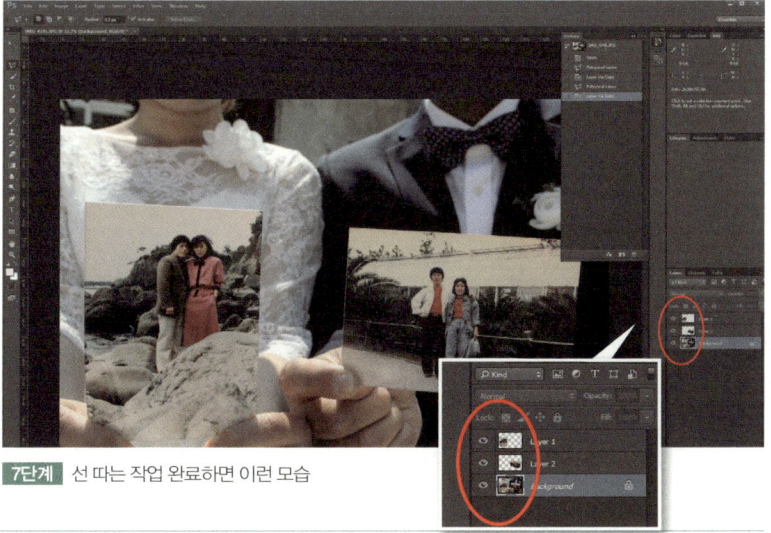

7단계 선 따는 작업 완료하면 이런 모습

8단계 다시 레이어 창의 Background 선택 후 Adjustments-Hue/Saturation 클릭하기

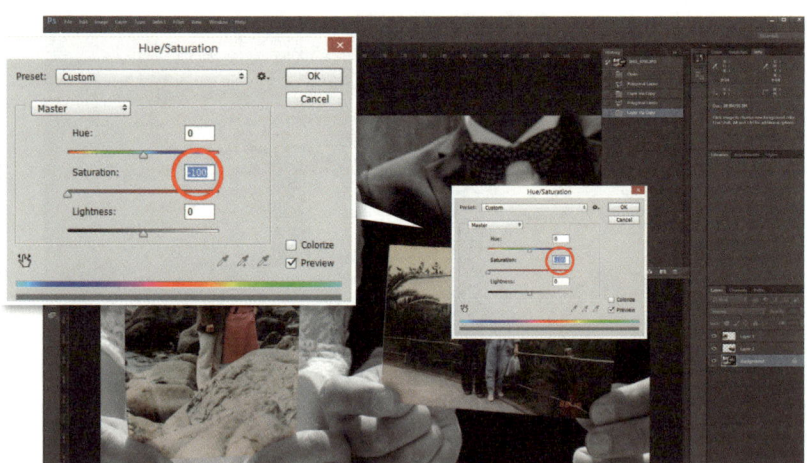

9단계 Saturation을 -100으로 내려서 흑백으로 변환

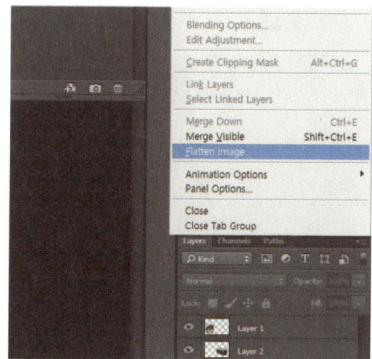 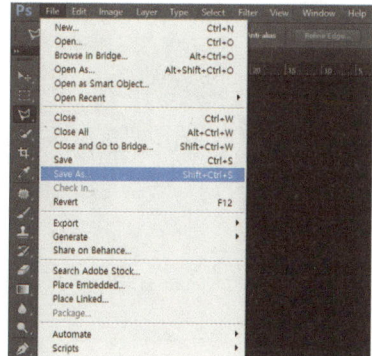

10단계 Flatten Image로 나뉘어 있는 이미지를 하나로 통합하기

11단계 저장하기

12단계 완성!

청첩장

심플하지만 의외의 고퀄, 청첩엽서

드디어 청첩장을 만들 차례가 왔다. 결혼식이 막연했을 적부터 청첩장에 대해서는 일찌감치 구상해둔 것이 있었다. 바로 청첩엽서였다.

"한 면에는 우리가 찍은 웨딩 사진을 커다랗게 넣고, 다른 면에는 짤막하게 정보들을 적어 넣는 거야. 최소한의 종이만 사용하니 우리는 지구에게 덜 미안하고, 떡하니 사진이 박혀 있어 휴지통으로 직행하기 어려우니까 하객들 입장에서는 우리에게 미안할 일이 없지. 게다가 디테일이 없으니 직접 디자인하기도 어렵지 않을걸. 그럼 덩달아 예산도 굳을 테고. 어때? 완전 괜찮지?"라고 일장 연설을 하는 내게, 지금 와 생각해보니 신랑은 설령 다른 아이디어가 있었어도 말하지 못했을 것 같다. '만질 줄 아는 디자인 프로그램 하나 없이 직접 만들겠다고?' 영 미덥지 않다는 표정이 그의 얼굴에 역력했으나 나는 호언장담을 했고 곧 제작에 착수했다.

내가 제일 먼저 한 일은 한글 파일을 여는 것이었다. (디자인 프로그램이 아니고!) 커서가 끔뻑거리는 백지 위에 선을 죽죽 그어 엽서 모양 칸을 만들고 내용을 채웠다. 청첩장에 담는 정보들은 대개 정해져 있어 오탈자만 없도록 주의하면 됐다. '신부대기실을 마련하지 않고, 예식 30분 전부터 신랑·신부가 입구에서 하객을 맞이하겠습니다'나 '화환은 정중히 사양합니다. 양해 바랍니다' 같은 알림 메시지도 작은 글씨로 덧붙였다. 청첩장 문구가 다소 고민스럽기는 했다. 유쾌하게 썼더니 유치하고, 진지하게 썼더니 어쩐지 지루했다. 썼다 지우기를 반복하다가 나중에는 힘을 빼고 (아니, 힘이 빠져) 담담하게 썼는데 가장 나았다.

엽서 앞면　　　　　　　　　엽서 뒷면

웨딩 사진

JO SEUNG WON
&
KIM MIN JUNG

Seungwon & Minjung's Wedding Day

부부가 함께 평생을 살아내는 일의
위대함에 대해 부모님은 거울이 되어
저희에게 일깨워주셨습니다.
녹록지 않은 인생길을 손잡고
기쁘게 걸어갈 좋은 친구를 만났습니다.
저희들의 첫 발걸음에 동행해주셔서
진심으로 감사드립니다.
서로의 돕는 배필이 되어 예쁘게
열심히 살아가는 모습으로
부모님의 은혜와 여러분의 축하에 보답하겠습니다.

조사선 · 노경숙의 아들 **승원**
김승권 · 정유선의 큰딸 **민정**

〈본식〉 2015.6.6. 12pm ○○레스토랑
부산 남구 분포로 ○○○ (T. 051-000-0000)
〈피로연〉 2015.6.20. 11am ○○호텔
제주시 연동 신광로 ○○○ (T. 064-000-0000)

· 신부대기실을 마련하지 않고, 예식 30분 전부터 신랑 · 신부가 입구에서 하객을 맞이하겠습니다.
· 화환은 정중히 사양합니다. 양해 바랍니다.

그러니까 이런 식으로 기획안을 먼저 작성해두고, 보급용 디자인 프로그램을 다운 받아 디자인을 앉힐 계획이었다. 다루는 방법은, 물론 몰랐다. 유튜브에서 속성으로 배울 요량이었다. 그게 안 되면 아는 디자이너에게 가르쳐달라고 조를 생각이었다. 가끔 대책 없이 단순하고 무모해질 때가 있다. 돌이켜보면 절반쯤 성공했고, 나머지 절반도 완전히 실패는 아니어서 여태 이런 습성을 버리지 못했다.

　　그러나 신랑의 의견은 조금 달랐다. 나는 부딪혀보고 이참에 하나 더 배우면 땡큐라고 생각하는 반면, 신랑은 그 방면에 유능한 지인에게 도움을 요청하자는 입장이었다. 무엇보다 우리는 시간이 넉넉하지 못했으므로 나는 입씨름을 접어두고 그의 의견을 따르기로 했다. 방송국에 다니는 그는 디자이너 선배에게 부탁해보겠노라 했다.

그리하여 선배가 며칠간 작업을 도와준 끝에 우리의 청첩엽서는 마침내 완성될 수 있었다. 사진을 다르게 넣어 세 가지 버전으로 만든 최종 파일을 양가 부모님께 보여드린 후 인쇄소에 넘겼고, 그로써 제작 분투기도 마침표를 찍었다. 의도치 않게 내가 벌인 일을 신랑이 수습한 셈이었다. 지구에게, 우리에게, 모두에게 덜 미안하고 싶어 시작한 청첩엽서는 그렇게 신랑에게 조금 미안한(그의 선배에게는 감사한) 일로 마무리되었다.

청첩장을 건네받은 사람들은 봉투를 열자마자 사진이 짠 하고 나오니 흥미로워했다. "오우, 얼굴에 자신 있다 이거야? 수많은 청첩장을 받아봤지만 이런 건 처음이다!"라는 말을 들을 때면 뿌듯함이 밀려왔다. 전문 업체에 큰돈 주고 맡긴다고 '고퀄'이 아니다. 두 사람의 스토리가 녹아들면 조금 어설프더라도 세상에 단 하나뿐인 진짜 '고퀄'의 청첩장을 만들 수 있다. 작업 과정이 신랑·신부에게 잊지 못할 추억으로 남는 건 덤이고!

우리의 스토리가 담긴
세상에 단 하나뿐인 청첩장

 세상에 단 하나뿐인
청첩장 만들기

청첩장은 결혼식 3주~한 달 전쯤 발송하는 것이 일반적이다. 소요 기간을 약 보름으로 잡으면 결혼식을 40일 정도 앞둔 시점부터 준비하면 된다는 계산이 나온다. 물론, 이는 어디까지나 이상적인 스케줄이며 각자의 상황에 따라 조절할 수 있다.

● **착수하기: 청첩의 주체는 부모님, 부모님 의견을 고려하라**
결혼의 주체는 신랑·신부지만 자녀의 결혼을 친인척에게 알리는 주체는 사실상 부모님이다. 그러므로 청첩장을 제작할 때는 부모님의 의견을 충분히 고려해야 한다. 특별히 원하는 형식이 있는지 꼭 들어가야 할 내용은 없는지 여쭈어본 후 작업에 착수하고, 디자인이 입혀진 샘플을 인쇄 들어가기 전 반드시 보여 드리는 것도 잊지 말자.

- **내용 구성하기: 청첩장 문구에 마음을 담아라**

기본적으로 청첩장에는 청첩장 문구, 부모님 성함과 신랑·신부의 이름, 예식장 정보 및 약도가 들어간다. 오탈자가 없도록 주의를 기울이고, 스몰웨딩의 경우 '신부대기실을 마련하지 않고 신랑·신부가 입구에서 하객을 맞이하겠습니다'나 '화환은 정중히 사양합니다'와 같이, 일반 결혼식과 다른 점을 하객들에게 미리 알려주는 것도 좋다. 마음을 담아 손수 쓴 청첩장 문구는 두고두고 의미 있을 터. 신랑·신부의 입장에서 쓰기도, 혼주의 입장에서 쓰기도 하니 부모님과 상의해서 작성한다. 계절이나 좋은 글을 곁들일 수도, 종교가 있다면 종교적인 문구를 활용할 수도 있다. 아무리 펜을 굴려도 머릿속이 깜깜할 땐 인터넷에서 마음에 드는 예제를 하나 골라 리메이크를 시도하는 것도 괜찮은 방법이다.

- **디자인 잡기: 직접 할 것인가 vs. 전문가 도움을 받을 것인가**

디자인은 결혼식의 컨셉, 신랑·신부의 취향을 고려해 결정하며 디자인 난이도와 보유 기술에 따라 직접 할 수도, 전문가의 도움을 받을 수도 있다. 최근에는 청첩장 제작 업체에서도 기성품만 찍어내기보다 기성품에 신랑·신부의 개성을 반영해 둘만의 청첩장을 만들어주기도 하니 발품, 클릭품을 가능한 한 팔아보자. 다만, 리본이나 레이스 등 지나치게 장식이 많으면 우편 배송 시 파손될 우려가 있으므로 자제하는 편이 낫다.

다음은 소장 욕구 자극하는 아이디어 청첩장 열전. (저작권 문제로 직접 이미지를 싣지 못하는 점이 아쉬울 따름이다. 인터넷에서 쉽게 검색이 가능하니 바로 찾아보길 추천한다.)

사진엽서 청첩장

세상이 디지털화될수록 사람들은 아날로그 감성을 사랑하게 된다. 엽서는 아날로그 감성의 대표격. 전문 기술 없이도 만들기 쉽고, 단면·양면·반으로 접은 카드 형태로 다양하게 변주할 수 있어 셀프 제작 청첩장으로 도전해볼 만하다. 사진에 빈티지나 흑백 처리를 하거나, 사진 대신 캐리커처나 연필 스케치를 넣으면 색다른 연출이 가능하며 캘리그래피를 곁들이면 감성이 200% 발휘되는 효과가 있다.

신랑·신부의 개성 담은 청첩장

신랑·신부의 어린 시절 사진이나 데이트 사진을 실어 두 사람의 역사를 보여주거나 직업적 특성을 재치 있게 표현한 청첩장들도 한 번 보면 쉽게 잊히지 않는다.

통통 튀는 아이디어의 해외 이색 청첩장

비단 청첩장뿐만 아니라 결혼식을 준비하는 동안 여간해서 기발한 아이디어가 떠오르지 않을 때는 해외 이미지를 검색해보는 것도 크게 도움이 된다. 나의 경우, 드레스는 물론 본식 당일 테이블 스타일링까지 해외 이미지에서 힌트를 많이 얻었다. 그저 구글에서 단어만 검색하면 되는 간단한 작업인데, 효과는 상당하다. '외국 청첩장'을 찾은 결과가 화면 가득 떴을 때, 그토록 참신한 아이디어들에 감복한 나머지 오직 청첩장이란 주제 하나로 전시회를 열어도 좋겠다는 생각을 했다.

- 지문 하트 청첩장
- 항공권 청첩장
- 팝업창 청첩장
- 복권 청첩장
- 액자 청첩장
- 턱시도와 드레스 청첩장

● 인쇄·제작하기: 오탈자는 거듭 확인, 수량은 넉넉하게 준비

디자인을 마쳤다면 인쇄소에 넘기기 전 꼼꼼한 확인은 필수다. 청첩장 문구, 이름에 오탈자는 없는지, 날짜와 시간, 장소, 약도는 정확한지 다시 한 번 점검한다. 최종적으로 부모님께 보여드리고 난 후, 인쇄소에 제작 요청을 넣는다. 이때 수량을 넉넉히 뽑는 것이 비용 절감에 도움이 된다. 인쇄소마다 기본 인쇄 수량이 있어 추가로 제작할 경우 소량이라도 꽤 많은 비용이 들 수 있다. 청첩장을 보낼 친척, 친구, 동료 등 하객 리스트를 작성해보고 20% 정도 여유분을 보태 주문하면 알맞다. 발송 대행업체에 의뢰할 게 아니라면 인쇄소에서 청첩장이 제작되는 동안 신랑·신부는 우편 발송 준비를 한다. 앞서 작성한 하객 리스트를 우편 발송 그룹과 직접 전달 그룹으로 나누고, 전자는 주소를 물어 한글이나 엑셀 파일에 정리한 후 이를 라벨지로 출력해둔다. 봉투의 경우, 인쇄소에서 청첩인을 표기해 청첩장과 함께 제작해주기도 하지만 시제품을 활용할 계획이라면 문구점에서 수량에 맞게 구입하고, 별도로 봉투의 청첩인 란에 붙일 라벨지도 마련해두어야 한다. 청첩인에는 부모님의 성함과 주소를 기재하는 것이 통상적이나 신랑·신부의 이름을 같이 써 넣기도 한다. 마지막으로 청첩장 스티커까지 골라두면 끝!

● 발송·전달하기: 청첩장도 타이밍, 보름 전에는 받을 수 있도록 할 것

청첩장을 받기만 할 때는 몰랐는데, 막상 보내는 입장이 되어보니 보낼 시기를 살피는 것조차도 허투루 할 수가 없었다. 너무 빨리 보내면 잊어버리기 쉽고, 너무 늦게 보내면 선약이 있어 곤란해할지 몰랐다. 그렇다면 최적의 타이밍은 언제쯤일까? 정해진 바는 없지만 하객들이 보름 전에 받을 수 있도록 하면 무난하다. 우편으로 보낸다면 결혼식 3주~한 달 전, 직접 건넨다면 2~3주 전쯤이 적당할 것 같다. 단, 청첩장을 보내기 전에 구두로 결혼 소식을 미리 알리는 게 예의란 사실도 기억하자.

■ 신혼여행

로망 가득한
최고의 신혼 여행지를
고르는 법

지면에 정리하다 보니 '청첩장 제작 → 신혼여행'이 순서인 것처럼 나열되었지만, 사실 결혼식과 신혼여행 준비는 동시에 진행된다. 날짜를 잡고 결혼식 준비에 들어가면서 신혼여행을 함께 추진하는 것이다. 본식 준비로 데워진 머리는 달콤한 신혼여행을 상상하는 사이 말랑말랑해져 또다시 파이팅할 에너지를 모아주곤 한다.

신혼여행을 계획하는 일이 달콤하려면 일단 신혼 여행지가 두 사람 모두의 가슴을 두드리는 곳이어야 한다. 한 사람 의견만 따르기보다 둘 다 가고 싶어 하는 곳을 찾아보자. '죽기 전에 가봐야 할 여행지' '인기 있는 신혼여행지 TOP 10' 등이 해마다 발표되지만 둘만의 파라다이스는 다름 아닌 '두 사람 모두 원하는 곳'이라고 나는 굳게 믿는다.

- 오빠, 우리 여행은 어디로 갈까? 그동안 가고 싶었던 곳 있어? 세 군데만 꼽아봐.
- 영화 〈원스〉 봤어? 난 열 번도 넘게 봤는데, 배경이 아일랜드 더블린이란 데야. 거기도 가보고 싶고… 캐나다 옐로나이프에 가서 오로라도 보고 싶고, 하나 남았지? 음… 정이는 어디 가고 싶어?
- 많지! 일단 오스트리아. 영화 〈사운드 오브 뮤직〉의 촬영지가 그대로 남아 있으리라는 보장은 없지만, 옛날부터 꼭 한번 가보고 싶었어. 근데 거긴 나중에 아이들 생기면 가족 여행으로 가면 더욱 좋을 거 같아. 또, 이탈리아 베니스? 그렇게 아름다운 곳이 사실은 유배자들이 척박한 환경에서 살아남기 위해 만든 도시래. 그리고… 뉴욕?
- 아, 뉴욕! 그래, 나도 거기 가보고 싶었어. 하나 남은 덴 거기로 하겠어!
- 오케이, 뉴욕, 낙찰!

　　신랑은 세계를 움직이는 가장 번화한 도시이자 가장 더러운 도시의 실상을 목격하고 싶다고 했고, 나는 어쩐지 서른에는 뉴욕엘 가야 할 것 같았다. 뉴욕을 즐기기에 적당히 젊고 적당히 농익은 때가 지금이란 생각이 들었다. 나중에 뉴욕을 가더라도 서른의 뉴욕은 다신 없으리라는 이상한 확신에 사로잡혔다. 미드 〈섹스 앤 더 시티〉의 영향도 전혀 없었다고는 할 수 없다. 포털 사이트의 줄거리 요약에는 서로 다른 개성을 가진 네 여자의 '성 담론'

을 소재로 한 드라마라고 되어 있지만, 나는 순전히 네 여자의 '의리'에 매료돼 애청했더랬다. 그녀들이 우정을 쌓던 뉴욕의 거리와 스팟들을 가보고 싶던 희미한 기억이 스멀스멀 피어올랐다. 그러나 그날 우리가 한마음으로 똘똘 뭉쳐 신혼 여행지를 뉴욕으로 의기투합한 데는 무엇보다도 브로드웨이라는 공통의 관심사가 있었다. 대학 합창 동아리의 회장 출신인 신랑과 연극 동아리의 부회장 출신인 신부에게 뉴욕 브로드웨이 여행은 가장 완벽한 조합이었던 것이다.

"New York, New York, New York~"
그날 이후 우리는 틈만 나면 제이지와 알리샤 키스가 부른 〈Empire State of Mind〉의 너무나도 유명한 이 노랫말을 흥얼거렸다. 여행을 상상하는 일은 내내 정말로 달달했다.

우리의, 우리에 의한, 우리를 위한 허니문 플랜 짜기

우선 어디로 갈지부터 정하자. 두 사람 앞에 종이 한 장씩 펼쳐놓고 평소 가고 싶었던 곳을 열거해본다. 겹치는 곳이 있다면 동그라미 쳐두고 그곳에 대해 대화를 나누어본다. 왜 가고 싶은지, 가서 무얼 하고 싶은지 자유롭게 이야기하다 보면 마침내 '그래, 거기 가자!' 하고 한목소리로 외치게 되는 곳이 있을 것이다. 너무 급하게 떠올리려다 보니 머릿속이 텅 빈 것 같다면, 다음을 참고해 완벽한 신혼 여행지를 좁혀갈 수도 있다.

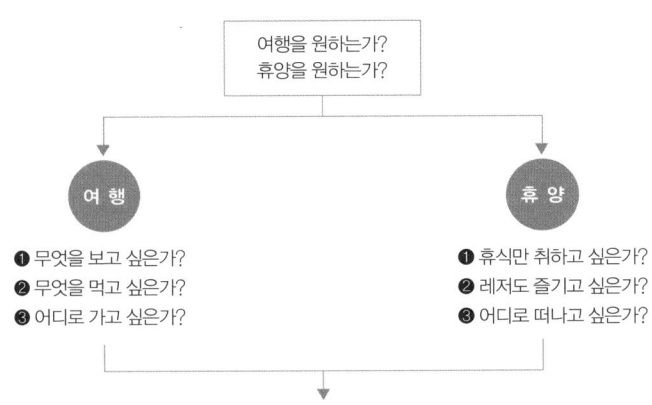

패키지를 선호한다면 상품을 잘 살펴보고 고를 것. '우리의, 우리에 의한, 우리를 위한 허니문 플랜 짜기'란 제목에 걸맞게 여기서는 자유여행을 전제로 설명을 이어가려 한다.

가장 먼저 할 일은 항공권과 숙소 예약이다. 항공권은 대체로 미리 예약할수록 저렴한 편인데, (전 세계 항공권 비교 사이트 스카이스캐너에 따르면, 한국에서 출발하는 항공권을 구입할 때 최소 19주 전에 예약해야 가장 저렴하게 구입할 수 있다고 한다) 만약 시기를 놓쳤다면 땡처리 항공권을 노리는 것도 방법이다. (결혼 준비 기간이 짧은 부부라면 도전해볼 만하다. 일반적인 경우에는 땡처리 항공권이 나올 때까지 여정을 확정할 수 없기 때문에 그다지 유용한 방법이 아닐 수 있다.) 또한 직항보다는 경유 편이 저렴하며 이 경우 스톱오버를 활용하면 경유지를 여행할 수 있을 뿐 아니라 비용까지 아낄 수 있다.

호텔이나 리조트로 몰리던 천편일률의 여행지 숙소도 다양해지는 추세다. 한 지역에 오래 머물 계획이라면 에어비앤비 같은 아파트 렌트를 이용해보는 것도 좋다. 현지 시장에서 장을 봐다가 둘이서 함께 요리해보는 재미도 제법 쏠쏠하다. 아예 여행자의 기분을 느끼고 싶다면 민박이나 게스트하우스를 이용할 수 있다. 전 세계에서 모여든 여행자들에게 따끈한 결혼 소식을 알려 즉석에서 축하받는 이색 추억도 남길 수 있다.

공항 환전소는 일반 환전소보다 수수료가 비싸므로 (어느 기사에 따르면 무려 최대 20배 비싸단다) 환전은 일찌감치 해두는 게 좋다. 여행지에서 사용할 수 있는 관광지 패스나 교통 패스들을 챙겨놓는 것도 알뜰한 여행의 팁. 국내 여행사에서 구매해가면 현지에 도착하자마자 쓸 수 있어 편리하다. 출국 시 공항 면세점이나 여행 현지에서 유용하게 쓸 수 있는 할인 쿠폰 역시 놓치면 아깝다.

뉴욕 맨해튼 42번가에서 허니문을!

우리는 결혼식 비용의 절반을 신혼여행에 쏟아부었다. 처음부터 결혼식은 실속을 차리되 여행은 여행답게 하자는 주의였고, 철저히 자유여행으로 떠났다.

뉴욕에 있는 동안에는 맨해튼 42번가의 고급 아파트 룸 하나를 빌려 지냈다. 매일 아침 7시면 출근하는 주민들을 위한 간단한 아침이 로비에 차려지곤 했는데, 30분만 지나도 베이글과 커피가 동이 나버리는 바람에 우리의 일정은 매일같이 아침 7시에 시작됐다. 출근하는 사람들 속에 섞여 버스를 타고 거리를 걷다 보면 어느새 전 세계 관광객 속에 섞여 메트로폴리탄 미술관이나 자연사박물관 안으로 흘러들어가 있었다.

땅도 크고 사람도 크고 심지어 맥도날드 콜라 사이즈마저도 큰 이 나라는 미술관이나 박물관은 물론 공원까지도 엄청나게 커서 언젠가부터 나는 '여행을 일상처럼, 일상을 여행처럼' 하자는 초심을 잃고 뉴욕의 스팟들을 맹렬히 좇기 시작했다. 떠날 시간은 정해져 있는데, 호기심거리는 점점 늘어 마음이 조급해졌다. 마치 오늘이 마지막인 것처럼 쏘다니던 내게 '신혼여행'일랑 이미 안드로메다로 내던져진 단어였다. 급기야 잠자코 함께 다녀주던 신랑이 "내가 생각한 신혼여행은

이런 게 아니야!"라고 외치기에 이르렀다. 아뿔싸!

해서, 다음 날은 신랑의 리듬에 맞추었다. 일단 사전에 계획했던 브로드웨이 공연을 보기로 했다. 운 좋게 러시티켓으로 〈맘마미아〉 마티네 공연과 〈레미제라블〉 공연 티켓을 반값에 구할 수 있었다. 그사이에는 타임스스퀘어 광장에 앉아 컵케이크와 커피를 나눠 먹으며 여유롭게 시간을 보냈다. "오빠가 생각한 신혼여행은 이런 거야?"라고 짓궂게 물었지만, 신랑은 아무 대답도 하지 않았다. '꼭 말로 해야 해?' 하는 표정으로 눈을 가느다랗게 뜨고 나를 쳐다보기는 했다.

공연은 과연 명성 그대로였다. 감격에 흠뻑 빠져 어떻게 헤어나야 할지 몰랐다. 헤어나고 싶지 않았는지도 모르겠다. 한동안 우리는 세상에 아는 말이 "우와!" 밖에 없는 사람들이 됐다. 그토록 고무된 그의 모습을 본 적이 없었다. 가만히 보니 눈가도 젖어 있었다. 황홀한 기분을 그대로 안고 집(숙소를 그렇게 불렀다)으로 돌아왔다. 행복한 기분을 멈추고 싶지 않은 밤이었다. 둘이니까, 둘이어서, 좋은 밤이었다. 잊을 수 없는 '신혼여행'의 추억 한 자락이다.

웨딩 프로젝트 3단계

☐ 양가 인사 ☐ 예산 수립 ☐ 컨셉 잡기 ☐ 장소 선정 ☐ 예복/예물 ☐ 웨딩 촬영
☐ 청첩장 ☐ 신혼여행 ■ **본식 준비** ■ **식장 세팅** ■ **본식**

03
MY SMALL WEDDING

나의
작은 결혼식,
본식

본식준비

손수 꾸민 식장에서 결혼하는 즐거움

하고 싶은 일은 고집스럽게 하고야 마는 성질 탓에 "쉽게 갈 수 있는 길을 너무 어렵게 간다"는 말, 참 많이 들었다. 결혼식 역시도 "전문가에게 맡기면 수월할 일을 구태여 고생을 자처하느냐?"는 참견을 소거하느라 애깨나 먹었다. (물론, 김민정답다며 아낌없는 응원을 보내준 지원군들이 훨씬 많았지만.) 그런데 A to Z를 직접 한다고 해서 마냥 고생스러울 것이란 의견은 그야말로 편견이다. 고생 속에 고통만 있을 것이란 생각 역시도 착각이다. 나로 말하면, 웨딩 프로젝트 대장정 가운데 가장 기억에 남는 날을 꼽으라면 아무래도 '결혼 전야'다. 통틀어 가장 일을 많이 한 날인데, 희한하게 가장 행복한 날로 마음에 아로새겨져 있다. 나의 특별한 파티를 함께해줄 얼굴들을 떠올리며 내 손으로 파티장을 꾸미는 일이 그렇게나 두근거릴 수 없었다. 만약 다시 결혼한다 하더라도 나는 두말 않고 스몰웨딩을 할 것이다. 1,000만 원으로 결혼할 수 있어서도, 색다른 결혼식이어서도 아니다. 손수 꾸민 결혼식장에서 결혼하는 즐거움을 너무나 잘 알아서다.

본식준비

현장에 가야만
보이는 것들이 있다

결혼식을 어떻게 꾸밀 것인지 구상하기에 가장 완벽한 곳은 '식장'. 장점은 살리고 단점은 커버하면서 장소를 있는 대로 한껏 활용하려면 직접 가서 눈으로 살피고 발로 뛰는 것만큼 탁월한 방법도 없다. 현장에 가야만 보이는 것들이 있기 때문이다. 결혼식장이 될 레스토랑을 다시 찾았다. 우리는 '건물 외관 》 입구 》 실내 전경 》 내부 디테일' 순으로 시선이 머무르는 곳들을 짚어가며 결혼식을 상상하기 시작했다.

- 일단 주차장에 들어오면서부터 '아, 저기가 결혼식 장소구나' 할 수 있도록 대형 현수막을 영화 포스터처럼 걸어두면 좋겠어.
- 입구에 길 따라 진열된 허브 화분들은 예쁘니까 그대로 활용하자. 대신 사이사이에 우리 웨딩 사진을 액자에 끼워 전시하면 어떨까?
- 여기를 무대로 삼고, 양옆 테이블을 가족석, 홀 중앙 테이블을 하객석으로 쓰면 되겠다. 자리 안내는 친구들에게 부탁하고 말이야. (하객석에 앉아 무대 쪽을 보며) 저기 뒷벽에 있는 소화전이 영 거슬리는데? 어차피 사진 현수막 뽑는 거, 저것도 가릴 겸 벽도 꾸밀 겸 작은 사이즈로도 두어 개 더 제작하자.
- 그럼, 동영상도 만들어 틀까? 왜, 결혼식 가서 식사할 때 눈 둘 곳 없으면 뻘쭘하잖아. 사진만 롤링하는 거면 만들기도 크게 어렵지 않을 것 같아!

어느새 우리의 머릿속에는 영상 하나가 돌아가고 있었다. 신랑·신부의 사진이 큼지막하게 걸린 건물을 향해 주차장을 통과한다, 작고 예쁜 허브 화분과 군데군데 놓인 웨딩 사진을 구경하며 레스토랑에 들어선다, 자리 안내를 받아 테이블에 앉는다, 식전 핑거푸드를 먹으며 두 사람의 데이트 사진이 담긴 동영상을 본다…. 머릿속으로 후속 아이디어가 불쑥불쑥 떠올랐다.

- 자리마다 네임 카드를 놓을까? 말하자면 지정석 같은 거지. 그게 있으면 친구들이 자리 안내하기도 수월할 테고, 하객들의 입장에서는 대접받는 느낌을 받을 수 있잖아?
- 그리고 방명록을 같이 두자. 방명록을 한곳에서 쓰게 해둔 결혼식에 가보면, 뒤에 기다리는 사람들이 신경 쓰여서 하고 싶은 말도 다 못 적는 경우가 많거든. 자기 자리에서 편히 쓸 수 있게 하는 거야.
- 아! 연회처럼 코스 요리의 메뉴를 미리 알려주는 건 어때? 주례 없는 결혼식이니까 식순 정보도 같이 담아서, 양면으로!

나는 속사포처럼 말을 쏟아냈고, 신랑은 하나라도 잊힐세라 빠른 속도로 수첩에 적어나갔다. 현수막 걸 곳의 치수를 재는 일도 그의 몫이었다. 그사이 나는 식순/메뉴 카드에 실을 요리 정보를 지배인에게 알려달라 청했다. 수용 가능한 하객 좌석 수를 헤아리고, 테이블 배치도 확인했다. 혹시 몰

라 사진으로도 찍어 저장해두었다. 신랑은 여태 줄자를 들고 분주했다. 그에게 수첩만 잠깐 건네받아 현장에서 점검할 게 더 없는지 확인한 후, 나는 혼자서 '무대'에 섰다.

- 아, 여기서 드디어 결혼이란 걸 하는구나. 어릴 적부터 꿈꿔왔던 나만의 결혼식을.

그제야 실감이 났다. 아직은 망망하던 그 무엇이 울컥 생생해진 느낌. 가슴이 두근거렸다. 결혼식이 조금씩 가까워지고 있었다.

본식 준비

식장 입구를 장식한
대형 현수막의 반전

그날로 신랑은 현수막 주문에 들어갔다. 함께 고른 석 장의 웨딩 사진으로 커다란 현수막 한 장과 작은 현수막 두 장을 제작하기로 한 것이다. 건물 벽에 걸어놓을 큰 현수막에는 '김민정♡조승원 잘 살겠습니다'라는 문구를 써넣고, 무대 양옆을 꾸며줄 작은 현수막들은 흰 벽과 어울리도록 초록빛이 가득 담긴 사진들로 만들었다.

며칠 후, 완성된 현수막이 돌돌 말려 집으로 왔다. 생각보다 무게가 제법 묵직했다. 바닥에 내려놓고 끌러보니 작은 현수막 두 장이 먼저 차례로 나왔다. 특유의 잉크 냄새가 조금 났지만, 그쯤 아무 문제가 되지 않을 만큼 결과물은 흡족했다. 큰 현수막도 어서 보고 싶었다. 손으로 끄르다가 어느 정도 펼쳐진 현수막은 신랑과 내가 양쪽 끝을 맞잡고 뒤로 물러서면서 펼쳤다. 둘만으로 어림없어 나중에는 엄마까지 동원되었지만, 그럼에도 불구하고 반쪽짜리 확인만 겨우 했다. 현수막이 우리 집 거실보다도 컸던 것이다.

결국, 나머지 반쪽은 결혼식 전날이 되어서야 마저 볼 수 있었다. 건물에 걸린 모습으로 말이다. 그런데 우리 집 거실보다 큰 현수막을 막상 걸어

두고 보니 그렇게 작아 보일 수가 없었다. 식장에 가서 치수를 재던 날, 면적이 워낙에 넓어 줄자의 줄을 모조리 빼도 턱없이 모자라기에 신랑은 매우 고전적인 방법을 택했더랬다. 걸음으로 몇 보쯤 되는지 세어보고, 한 걸음의 거리를 곱해서 값을 얻었던 것. 그게 엄청난 오차를 남긴 모양이었다. 덕분에 야심차게 제작한 현수막은 다소 앙증맞은 아이템이 되고 말았고 말이다. 예상한 그림과는 달랐지만, 그렇다고 실망스러운 마음이 들지는 않았다.

사실 나는 스몰웨딩에서 아이템 하나쯤 특별하게 꾸미고 싶어 대형 사진 현수막을 기획한 것이었다. 생화를 꺾어 버진로드를 화려하게 장식하기보다 대형 사진 현수막을 심플하게 건물에 거는 편이 차라리 나을 것 같았다. 게다가 현수막은 나중에 웨딩 사진 액자로 재활용할 수도 있으니 말이다. 신랑은 그런 내 마음을 누구보다 잘 알았고, 그래서 예상한 그림이 나오지 못한 걸 못내 미안해하고 있었다. 그런 남자를 앞에 두고 내가 어떻게 실망스러울 수 있겠는가!

완벽하기보다 허점이 있어 아름다운 사람이 이 사람이었고, 완벽하기보다 허점이 있어 아름다운 결혼식이 바로 작은 결혼식이었다.

MY SMALL WEDDING DIARY

결혼식 현수막으로
액자 만들기

실속 있는 작은 결혼식 사전에 일회용이란 없다. 나는 스몰웨딩을 준비하면서 한 번 쓰고 말 거라면 애초에 그만두거나 두 번 쓸 방법을 찾았다. 사진 현수막도 마찬가지. 결혼식 데코로 사용한 후에 캔버스 액자로 만들 심산이 아니었다면 현수막 제작을 포기하고 기필코 다른 아이디어를 기획했을 것이다.

더욱이 현수막을 재활용한 캔버스 액자는 여러모로 가치가 있었다. 셀프 웨딩 촬영을 했으므로 신혼집에 걸어둘 웨딩 사진 액자를 따로 제작해야 했는데 캔버스 액자로 대신하면 되니 일단 두 번 일할 필요가 없었고, 인화한 사진보다 현수막 사진의 질감이 어쩐지 그림처럼 느껴져 훨씬 좋았다.

처음에는 표구사에 갈 생각이었다. 해본 적도 없고 하는 법도 몰랐으니 나로선 최선의 방법이었다. 그러나 우리에겐 여러 장의 현수막이 있었다. 하나쯤 시험 삼아 해봐도 괜찮았다. 또다시 무모병(!)이 도진 것이다. 이번에도 신랑은 못 이기는 척 따라주었다. 일단 제주에서 가장 큰 문구점에 들러 가장 큰 캔버스를 두 개 샀고, 타카(못 박는 기계)도 구해놓았다. 그리고 먼지를 탈탈 턴 현수막을 빳빳하게 다린 후에 타카로 캔버스에 고정해나갔

다. 탁, 탁 심이 박히는 소리가 집 안에 요란하게 울려 퍼졌다. 현수막이 울지 않도록 신랑과 내가 양쪽에서 더욱 팽팽하게 잡아당겼다.

마침내 완성된 캔버스 액자는 기대 이상으로 훌륭했다. 꺅, 나도 모르게 소리를 질렀고 신랑은 엄지손가락을 들어 보였다. 신이 난 신랑은 나머지 하나도 뚝딱 작업을 시작했다.

아쉽게도 제주에서 가장 큰 문구점의 가장 큰 캔버스가 작은 현수막 사이즈를 가까스로 맞추는 크기(20호)인 탓에 야심차게 제작한 대형 현수막은 여전히 창고에 고이 모셔져 있다. 언젠가는 그것 역시 자투리를 잘라내고 캔버스 액자로 만들 계획이다.

본식준비

작지만 로맨틱한
나의 결혼식장

의도한 건 아니었지만 일회성 데코는 거의 생략한 결혼식이었다. 버진로드 장식도 과감히 생략했고(오직 몇 시간을 위해 큰돈 들여 생화를 꺾어다 옮겨 오는 일이 부질없어 보였다) 당연히 카펫도 깔지 않았다. 우리가 입장하기 전까지 하객들은 신랑·신부가 어디서 등장할지 알 수 없었다. 결혼식 날 우리가 걷는 그 길이 바로 버진로드가 될 것이었다. 식장 데코라고는 입구에 마련될 포토 테이블이 전부였다. 웨딩 사진을 현상해서 액자에 넣기만 하면 되고, 결혼식

후에는 신혼집 소품으로 사용할 수 있으니 두루두루 쓰임새가 있었다. 온라인 쇼핑몰을 통해 사진을 인화하고, 액자를 집으로 불렀다. 조금 맨송맨송하더라도 내 스타일을 우직하게 밀고 나갈 수 있다는 점 또한 스몰웨딩의 기막힌 매력 포인트다!

여백의 미(!)가 이토록 많은 결혼식이었지만, 결혼식 전날 실제로 꾸며놓고 보니 다행히 썩 허전하지만은 않았다. 레스토랑의 근사한 인테리어와 뷰가 훌륭한 보완책이 되어준 덕분이었다. 처음부터 데코 비용을 절약할 요량으로 멋스러운 레스토랑을 어렵사리 골라낸 노력이 빛을 발하는 순간이었다.

본식준비

피로연에 선보일
동영상까지 내 손으로

'아는 만큼 보인다'는 말이 있다. 만약 하객들이 '신랑·신부가 어떻게 만나 사랑했고, 결혼에까지 이르렀는지' 안다면 결혼식을 바라보는 눈도 한결 깊어질 것이다. 그러나 일일이 찾아다니며 알릴 수는 없는 노릇. 이럴 때 동영상은 매우 유용한 도구가 된다. 영상은 관계도 연령도 다른 수많은 하객들에게 주인공을 대신해 이야기를 전하기에 가장 맞춤화된 채널인 것이다. 게다가 동영상이 돌아가고 있으면 하객들로선 결혼식을 기다리거나 식사를 하는 동안 마땅히 시선 둘 데가 없을 때 눈요기하기에 좋고, 파일을 삭제하지 않는 한 오래도록 보관할 수 있으니 우리로선 특별한 앨범을 하나 갖는 일이기도 했다.

원래는 동영상도 예외 없는 셀프 시스템의 영역 안에 있었다. 연애 시절 사진들을 선별해 슬라이드쇼처럼 이미지가 돌아가도록 단순하게 만들 생각이었으므로 그다지 어렵지 않을 것 같았다. 시간만 들이면 될 일이었는데, 문제는 시간적 여유가 많지 않았다. 그게 아니었다면 포토그래퍼 매칭 사이트의 '고객님을 위한 이벤트, 식전 동영상 제작 8만 원 → 3만 원'이란 달콤한 유혹에 홀랑 넘어가는 일 따위 없었을 것이다. 결국 본식에서는 3만 원짜리 동영상을… 틀었다.

하지만 본식과 신혼여행을 모두 마친 후에 가진 제주 피로연에서 나는 결혼식과 허니문이 궁금할 신랑의 지인들을 위해 다시 한 번 사진 동영상을 틀기로 했고, 이번엔 정말로 셀프 제작을 했다. 인터넷에서 내려받은 동영상 편집 프로그램으로 동영상을 완성한 것이다. 결과물은 3만 원, 아니 8만 원짜리 동영상에 견주어도 손색이 없었다. 하등 돈 들일 필요가 없었다는 이야기다.

내가 사용한 프로그램은 사이버링크의 '파워디렉터 13'이란 유료 편집기였는데, 홈페이지에서 30일 무료 체험판을 제공하고 있었다. (2016년 2월 기준, 신버전 '파워디렉터 14'가 출시돼 시험판을 선보이고 있다.) 체험판만으로도 멋진 동영상을 만드는 데 무리가 없으니 동영상 제작을 염두에 두고 있다면 참고로 하자.

본식준비

주례 없이, 식순도 간략하게

나의 스몰웨딩은 주례 없는 결혼식에서 시작했다고 해도 과언이 아니다. 한창 결혼식 시장조사(?)를 다니던 그때 그 시절, 나는 반드시 주례 없는 결혼식을 하겠다고 마음먹었고 나의 작은 결혼식은 그것이 파생의 파생을 거듭한 끝에 드러낸 모습이었다. 그러므로 식순을 짜는 일은 새로이 무언가를 만든다기보다 (여태까지 그래왔듯!) 내 안에 있는 것을 꺼내어 정리하는 작업에 가까웠다.

- 자, 일단 주례는 말자. 아버지들의 편지로 대신하는 거야. 아빠가 딸에게 쓰는 편지는 눈물바다가 될 테니까, '새로 들어오는 식구에게' 써달라고 부탁드려보면 어때? 우리 아빠는 오빠에게, 아버님은 내게! 그리고 성혼선언문과 축복 기도는 목사님께 받고 싶어. 부부사명서도 쓰자. 그동안은 자기사명서를 썼는데 결혼이란 걸 하면서 부부사명서를 쓴다면 의미가 있을 것 같아.

- 오케이. 거기에다 사랑의 서약 낭독하고 예물 교환하면 딱 15분 정도 맞아떨어지겠다.
- 응, 마지막엔 신랑·신부, 양가 부모님 다 함께 하객들에게 감사 인사하고 축배를 들까?
- 음… 어른들이 많이 오실 텐데 축배는 좀 어색한 느낌이 들어.
- 그래, 그럼 빼자!

두서없이 꺼내놓은 말들을 구색에 맞게 순서대로 배열했다.

1. 신랑 · 신부 입장
2. 사랑의 서약, 부부사명서 낭독
3. 아버지들의 편지
4. 예물 교환
5. 성혼선언문 & 축복기도
6. 감사의 인사

식순을 세우는 데는 10분도 채 걸리지 않았다. 우리 마음이 이끄는 대로 결혼식을 그려나가면 그만이었다. 식순이라는 말 자체가 어쩐지 그럴듯한 형식을 갖추어야 할 것 같은 뉘앙스를 준다. 그러나 그냥 작은 결혼식이 아니라 '나의' 작은 결혼식임을 기억하자. 식순 역시 어떻게 보일 것인가보다 무엇을 하고 싶은가에 집중하면 온전히 '나만의' 결혼식을 치를 수 있을 것이다.

본식준비

특명!
하객 수를 줄여라

모든 것이 순탄하게 진행되고 있었다. 결혼식을 열흘 앞둔 때였다. 그즈음 텔레비전 뉴스에서는 이런 내용이 연일 보도되고 있었다.

- 때 이른 5월 더위… 여름 용품 불티
- 5월에 찾아온 불볕더위… 이유는?
- 부산 30.2도… 36년 만에 찾아온 5월 땡볕 더위
- 사상 첫 5월 폭염특보… 주말까지 더위 이어져

당초 우리가 결혼식을 올릴 레스토랑의 수용 인원은 90명이었다. 홀과 테라스 석을 모두 합친 수였다. 결혼식은 6월 초였고 레스토랑은 바다와 가까워 바람이 살랑살랑 불어오곤 했으므로 테라스까지 이용하는 데 큰 문제가 없으리라 판단했더랬다. 그런데 날씨가 갑작스런 변수로 떠올랐다. 이대로라면 테라스 석은 배제해야 옳았다. 하객들의 짜증을 유발하는 결혼식이 되어서는 안 됐다. 혹시나 하는 마음으로 레스토랑 직원에게 전화를 걸어 물었더니 테라스로 이어지는 폴딩 도어를 며칠째 닫아두고 에어컨을 풀가동한 채 영업 중이라고 했다. 결혼식 날도 크게 다르지 않을 것 같다며 하객 수를 조정하는 편이 낫지 않겠느냐 했다.

마른하늘에 날벼락은 이럴 때 쓰는 말이었다. 우리는 당장 하객 수를 20명이나 줄여야 했다. 200명 중 20명이 아니었다. 90명 중 20명이었다. 눈앞이 캄캄했다. 가뜩이나 손님들을 미처 다 초대하지 못하는 점 때문에 부모님과 한차례 마찰을 빚었는데, 더 줄여야 한다는 말을 어떻게 하느냐 말이다.

그러나 뾰족한 수가 없었다. 결혼식은 이미 코앞으로 바짝 다가와 있었다. 부모님은 잠시 난감해하셨지만 이내 사태를 해결하는 데 팔을 걷어붙여주셨다. 그리하여 결혼식을 기껏 일주일 남겨놓고 최종 하객 리스트가 업데이트됐다.

식
장
세
팅

스몰웨딩 분위기 살리는
테이블 스타일링

평소 내 얼굴은 안 꾸며도 식탁은 잘 꾸미는 편이다. 비록 혼자 먹을지라도 예쁜 식탁에서 예쁜 접시에 예쁘게 음식을 담아 먹으면 사랑받는 느낌이 들어 좋다. 뉴욕까지 신혼여행을 가서 사온 게 백도 구두도 아닌 테이블 매트와 러너일 정도다. 그것도 세트로 두 개씩이나 말이다.

이런 취향은 어디 갈 줄 몰라서, 나는 결혼식을 올릴 레스토랑의 '테이블'에 집요하게 신경을 썼다. (정작 결혼식 데코는 최소화했으면서 말이다!) 레스토랑 자체 플레이팅은 만족스러웠으므로, 그 밖의 것들, 그러니까 식순/메뉴 카드와 네임 카드, 방명록을 대신할 작은 엽서를 만들어 커트러리 옆에 나란히 놓아두는 일을 세심하게 챙겼다. 하객들이 자리에 앉는 순간 '사랑받는' 느낌이 들었으면 좋겠다는 생각이었다.

그런 나를 보며 신랑은 아무런 반응이 없었다. 다만, 그의 얼굴이 이렇게 말하고 있었다. '그게 그렇게 중요한가?'

돌연 이상한 오기가 들어, 손에 말아 쥐고 있던 A4 용지를 세 번 접어 식순/메뉴 카드를 만들고 명함을 접어 네임 카드를 시연해 보였다. 방명록 용도의 작은 엽서에 대해 말하려던 참에 신랑은 못 이기는 척 "해보자"고 했다. 그 말은 '해보라'는 뜻이었다. 그는 명령문을 청유문으로 바꿔 말하는 남다른 재주가 있다. 옛날에는 곧이곧대로 들었는데 결혼해서 반년쯤 살다 보니 깨닫게 된 사실이다.

아무튼 나는 앞서 준비해둔 식순, 메뉴 정보, 하객 리스트를 가지고 카드를 하나씩 만들었다. 제작 방법은 간단하다 못해 단순했다. 한글 문서로 작업한 파일을 인쇄소에 가져가 필요한 수만큼 A4 크기로 출력하고, 절단선 따라 가위질하면 끝. 내가 원하는 무광의 두께감 있는 종이를 구비해둔 곳이 없어 인쇄소를 전전하는 수고를 했지만, 친절한 사장님을 만나 출력은 물론 가위질까지 단번에 해결할 수 있었다. 일일이 오리면 족히 한 시간은 걸렸을 일을 인쇄소 작두는 몇 분 만에 해치운 것이었다. 잔돈마저 시원하게 깎아주신 덕분에 하객 70명을 위한 식순/메뉴 카드, 네임 카드, 축하 엽서를 뽑는 데 딱 5만 원짜리 한 장이 들었다.

식순 카드

SEUNGWON & MINJUNG'S
WEDDING CEREMONIAL ORDER

JUNE 6, 2015

신랑 신부 입장

사랑의 서약
부부사명서 낭독

아버지들의 편지

예물 교환

성혼선언문&축복기도
(강연숙 목사님)

감사의 인사

SEUNGWON & MINJUNG'S
WEDDING CEREMONIAL ORDER

JUNE 6, 2015

신랑 신부 입장

사랑의 서약
부부사명서 낭독

아버지들의 편지

예물 교환

성혼선언문&축복기도
(강연숙 목사님)

감사의 인사

SEUNGWON & MINJUNG'S
WEDDING CEREMONIAL ORDER

JUNE 6, 2015

신랑 신부 입장

사랑의 서약
부부사명서 낭독

아버지들의 편지

예물 교환

성혼선언문&축복기도
(강연숙 목사님)

감사의 인사

메뉴 카드

SEUNGWON & MINJUNG'S
WEDDING COURSE MENU

PRE-CENA PANE
갓 구운 식전빵

ANTIPASTO(APPETIZERS)
양송이, 새송이, 표고, 느타리
만가닥 토스카나풍의 모듬 버섯구이

LA MINESTRA(SOUP)
오늘의 스프

SALAD(INSALATA)
달콤한 멜론에 정통 이태리 파마햄

PRIMO(PASTA)
토마토, 크림 소스 파스타

SECONDI DI PIATTI(STEAK)
루꼴라, 얇게 저민 파마지아노 치즈를 얹고
먹기 좋게 자른 소고기 등심구이

DOLCE
티라미수

CAFÉE
신선한 커피

SEUNGWON & MINJUNG'S
WEDDING COURSE MENU

PRE-CENA PANE
갓 구운 식전빵

ANTIPASTO(APPETIZERS)
양송이, 새송이, 표고, 느타리
만가닥 토스카나풍의 모듬 버섯구이

LA MINESTRA(SOUP)
오늘의 스프

SALAD(INSALATA)
달콤한 멜론에 정통 이태리 파마햄

PRIMO(PASTA)
토마토, 크림 소스 파스타

SECONDI DI PIATTI(STEAK)
루꼴라, 얇게 저민 파마지아노 치즈를 얹고
먹기 좋게 자른 소고기 등심구이

DOLCE
티라미수

CAFÉE
신선한 커피

SEUNGWON & MINJUNG'S
WEDDING COURSE MENU

PRE-CENA PANE
갓 구운 식전빵

ANTIPASTO(APPETIZERS)
양송이, 새송이, 표고, 느타리
만가닥 토스카나풍의 모듬 버섯구이

LA MINESTRA(SOUP)
오늘의 스프

SALAD(INSALATA)
달콤한 멜론에 정통 이태리 파마햄

PRIMO(PASTA)
토마토, 크림 소스 파스타

SECONDI DI PIATTI(STEAK)
루꼴라, 얇게 저민 파마지아노 치즈를 얹고
먹기 좋게 자른 소고기 등심구이

DOLCE
티라미수

CAFÉE
신선한 커피

인쇄소에 가져간 한글 파일. 식순 카드와 메뉴 카드를 양면으로 인쇄했다.

네임 카드

TABLE 1	TABLE 1	TABLE 1	TABLE 1
김승권	정유선	김민경	김태홍
신랑의 아빠	신랑의 엄마	신랑의 여동생	신랑의 남동생

신부의 아빠	신부의 엄마	신부의 여동생	신부의 남동생
김승권 님	정유선 님	김민경 님	김태홍 님
TABLE 1	TABLE 1	TABLE 1	TABLE 1

TABLE 1	TABLE 1	TABLE 2	TABLE 2
정연숙	방길자	차영환	김승실
소정교회 목사님	소정교회 집사님	신랑의 고모부	신랑의 고모

소정교회 목사님	소정교회 집사님	신부의 고모부	신부의 고모
강연숙 님	방길자 님	차영환 님	김승실 님
TABLE 1	TABLE 1	TABLE 2	TABLE 2

네임 카드는 반으로 접어 테이블마다 세워둘 생각이었으므로
상하 대칭이 되게끔 작성했다. 한글의 글맵시 기능으로 글자를 뒤집을 수도 있으나
나는 아래 칸을 먼저 작성한 후 화면을 캡처해서 그림으로 저장하고,
위 칸은 그 파일을 불러와 일일이 180도 회전시키는 원초적인 방식으로 작업했다.

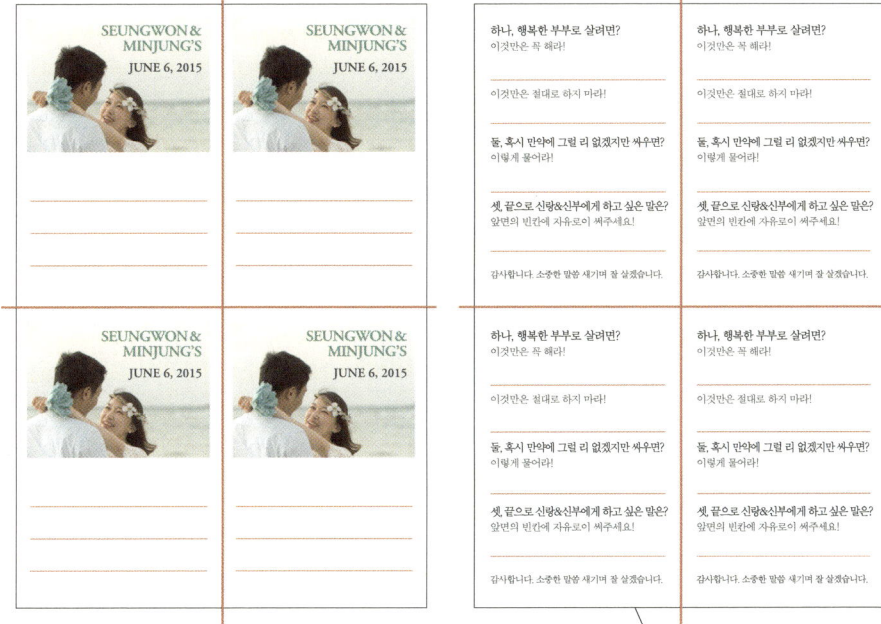

방명록을 대신할 작은 엽서 역시 양면으로 만들었다.
앞면에는 보정 앱으로 효과를 준 사진과 빈칸을 두었고
뒷면에는 백지 공포증이 있는 하객들을 위해 짤막한 질문을 던졌다.
철저히 수작업을 고집한 덕분에 저렴한 가격으로
제법 폼 나는 테이블 스타일링을 할 수 있었다.

식장 세팅

서로에게 보내는 편지, 사랑의 서약

부부로서 함께 살아갈 인생을 하나의 책으로 본다면 사랑의 서약은 그 첫 페이지를 장식하는 일이다. '아, 우리가 며칠 후면 정말 부부가 되는구나!' 결혼식을 준비하는 동안에는 이것저것 신경 쓸 게 많아 저편으로 보내둔 실감이란 녀석이 '남편으로 아내로 이렇게 살겠습니다' 한 자 한 자 적다 보면 그제야 내 옆에 바짝 다가와 앉아 있곤 한다.

우리는 사랑의 서약을 카페에서 쓰기 시작해 각자의 집에서 갈무리했다. 어쩐지 사랑의 서약은 (사랑의 서약이니까) 눈을 맞춰가며 써야 할 것 같았지만 웬걸, 눈만 끔뻑거리다 반나절을 흘려보냈고 결국 따로 떨어져 혼자만의 시간을 가진 후에야 운을 뗄 수 있었다.

기분이 묘했다. 누군가의 아내로 살아본 일이 없으니 당연했다. 그냥 형식적인 문서로 치부할 수도 없었다. 이따금 결혼한 친구 집에 놀러 가기라도 하면 "그래서? 주례 선생님 말씀대로 잘 살고 있는 것 같아?" 짓궂게 물어대는 아이가 꼭 나였다. 지킬 수 있는 약속만 해야 했고, 혹여 지키지 못하면 하객들에게 거짓말쟁이가 될 테니 단어 하나도 허투루 쓸 수가 없었다. 지난 십 년간 직장과 직책은 바뀌어도 직무는 변함없이 글 쓰는 일이었는데, 고백하건대 그동안 써낸 수천 장의 글보다 사랑의 서약 한 장 쓰는 일이 훨씬 더 힘겨웠다. 그렇게 겨우 끝맺은 글을 신랑과 여러 차례 주고받으며 수정에 수정을 거듭한 끝에야 비로소 우리가 한목소리로 낭독할 사랑의 서약문을 완성할 수 있었다.

너무나 어려운 작업이었다고 엄살을 부려놓은 데 비하면 평범하기 짝이 없는 우리의 '사랑의 서약'을 막상 책에 실으려니 창피한 마음이 앞선다. 그러나 카페에 마주 앉아 눈만 끔뻑거리던 그때, 예시가 있으면 좋겠다고 했던 기억을 떠올렸다. 단 한 쌍의 예비부부에게라도 도움이 될 수 있다면 명분은 충분하므로, 용기를 내어 옮긴다.

사랑의 서약

조승원 / 작년 8월 26일 유난히도 뜨거웠던 여름 저녁, 인연은 시작됐습니다. 고작 세 번의 만남이었지만 어찌 보면 무모하리만치 강한 끌림을 느꼈습니다. 그때 이렇게 적었습니다. 우리의 아름다운 인연이 계속되길, 이라고. 그 인연이 여기까지 이어졌습니다. 이제 저희는 부부라는 이름으로 새로운 삶을 시작합니다.

김민정 / 제주에서 1년간 살다 오겠다고 했더니 친구들은 잘 다녀오란 말 대신 이렇게 말했습니다. 제주 남자 만나 시집가라고요. 그때는 절대 그럴 리 없다고 손사래를 쳤는데, 역시 '인생에 절대 그럴 리 없는 일'이란 없나 봅니다. 이 사람을 만나고 함께 사계절을 보내며 계절이 바뀌듯 자연스레 미래를 약속하게 되었습니다. 저희 두 사람이 즐겨 말하던 우애적인 부부의 모습으로 가정, 사회, 나아가 세상의 빛과 소금이 되는 삶을 살겠습니다.

이를 위해 저희 두 사람은 부부가 되는 이 자리에서 부모님과 일가친척, 지인들께 다음을 서약합니다.

조승원 / 김민정 양을 저 자신처럼 아끼고 보살피며 사랑하겠습니다.
김민정 / 조승원 군을 가장으로 섬기며 존경하고 사랑하겠습니다.

조승원 / 제 고집만 부리지 않고 김민정 양의 뜻을 존중하겠습니다.
김민정 / 신랑의 바깥일을 존중하고 지지하겠습니다. 퇴근길이 즐겁도록 아늑하고 포근한 집을 만들겠습니다.

조승원 / 장인어른, 장모님을 제 부모님처럼 존경하며 섬기겠습니다.
김민정 / 시부모님을 공경하고, 슬기로운 며느리가 되겠습니다.

조승원 / 꽉 막혀서 권위적인 가장보다는 말이 통하는 가장이 되겠습니다. 가정의 대소사를 결정할 때 독단하지 않고 치열하게 고민하고 토론하겠습니다.
김민정 / 경청하고 공감하는 열린 대화를 통해 가정의 승승을 일구는 현명한 아내가 되겠습니다.

조승원 / 힘닿는 데까지 2세를 만들어 국가발전에 이바지하겠습니다.
김민정 / 가정을 위해 기도하는 아내, 기도하는 엄마가 되겠습니다.

조승원 / 가정 경제는 김민정 양에게 맡기고 검소하게 살겠습니다.
김민정 / 알뜰하고 똑똑하게 살림을 꾸려나가겠습니다.

조승원 / 다툼이 있더라도 대화하며 하루 안에 풀겠습니다.
김민정 / 신랑이 대화를 청해올 때는 미우나 고우나 감정을 앞세우지 않고 대화에 임하겠습니다.

조승원 / 김민정 아닌 다른 여자를 돌처럼 보겠습니다.
김민정 / 조승원이 세상에서 가장 멋진 남자임을 평생 굳게 믿고 살겠습니다.

조승원 / 내 가정은 내가 지킨다는 생각으로 건강을 챙기겠습니다.
김민정 / 영양가 있는 정성스런 음식으로 가정의 건강을 돌보겠습니다.

조승원 / 집 밖에서 부끄러운 남편이 되지 않도록 맡은 일에 최선을 다하겠습니다.
김민정 / 작가로서의 본분에도 충실하겠습니다. 선한 영향력을 끼치는 글을 쓰겠습니다.

저희 결혼을 축복해주시는 양가 부모님과 여러분의 마음을 기억하며 열심히 예쁘게 잘 살겠습니다.

2015년 6월 6일
신랑 조승원, 신부 김민정

그래서, 이 서약서대로 잘 살고 있느냐고 묻는다면? 뭐, 아직은 그럭저럭 잘 살고 있는 것 같다. 100점은 못 돼도 80점은 줄 수 있을 만큼!

사랑의 서약을 더욱 값지게, 서약서 케이스 만들기

한 자 한 자 마음을 꾹꾹 눌러 담아 쓴 사랑의 서약이니만큼, 그 정성이 빛을 발할 수 있도록 케이스를 함께 준비하자. 화이트나 아이보리 계열의 클리어 파일과 골드 컬러의 공단 리본만 있으면 제법 괜찮은 서약서 케이스를 만들 수 있다. 클리어 파일은 플라스틱 재질보다 종이로 된 것이, 민짜보다는 엠보가 들어간 것이 훨씬 고급스러워 보인다. 파일 겉면에다 리본으로 장식만 하면 케이스 완성!

나는 클리어 파일을 산 후 리본 매장에 들러 끈을 구입했는데, 골드도 종류가 여러 가지라 파일에 이것저것을 대보며 고심을 하는 내 모습이 안타까웠는지 점원이 나서서 색을 골라주고 장식까지 해주었다. 전문가의 손길은 역시나 능란하고 재빨랐으니! 멋들어진 서약서 케이스가 한 큐에 뚝딱 만들어졌다. 결과적으로 업체에 맡기면 5만 원은 족히 들 서약서 케이스를 십 분의 일도 안 되는 가격에 '득템'할 수 있었다. 서약서 케이스도 '셀프' 하자!

■ 식장세팅

평범한 아버지의
특별한 편지

주례 없는 결혼식을 원했지만, 주례사의 필요성에 대해서는 익히 공감하고 있었다. 갓 걸음을 떼는 새내기 부부에게 인생 선배가 전하는 조언은 그야말로 피가 되고 살이 될 것이었다. 그래서 양가 아버지들께 편지를 써주십사 부탁드려보기로 했다. 두 분만큼 우리에게 진심 어린 말씀을 들려주실 인생 선배는 아무래도 떠오르지 않았다. 게다가 신랑의 아버지, 신부의 아버지라는 타이틀은 주례 선생님의 '~장' '~장' 이어지는 기나긴 약력을 뛰어넘고도 남을 만큼 의미가 있었다. 다만, 아빠는 사위에게 아버님은 며느리인 내게 써주시면 좋겠다고 생각했다. 우리 아빠가 내게 편지를 쓴다면 '딸아!' 하는 순간 눈물이 왈칵 터질 게 뻔해서였다. 결혼식이 신파로 흐르는 건 정말이지 싫었다.

다행히 두 분 모두 우리의 부탁을 기꺼이 들어주셨다. 엄마의 말에 따르면 그날부터 아빠는 틈만 나면 혼자 종이에 무언가를 적으셨는데, 날이 가까워져올수록 그런 모습이 자주, 그리고 길게 포착됐다고 한다. 결혼식 당일 엄마와 나의 메이크업을 기다리는 순간까지도 아빠는 편지를 손에서 놓지 않으셨으니! 얼마나 고심하셨는지 짐작이 됐다. 아버님도 그러셨을지 모르겠다.

우리는 본의 아니게 두 분께 엄청난 숙제를 내어드린 셈이었지만, 덕분에 아버지들의 포근하고 말랑한 말씀에 안겨 세상에서 가장 행복한 결혼식을 치를 수 있었다.

사랑하는 며느리, 민정아!

우리 승원이와 부부의 인연이 되어 가족의 일원이 되어준 데 대해 참으로 기쁘게 생각한다. 이제 둘이서 한 몸 되어 한 가정을 꾸리는, 어쩌면 인생의 새로운 출발점이 아닌가 싶구나. 앞으로 너희들 삶의 많은 날들과 현실들이 결코 장밋빛 드라마처럼 달콤하지만은 않을 것이다. 분명한 소망을 가지고 서로 믿음 가운데 사랑으로 모든 난관을 슬기롭게 잘 헤쳐가기를 바란다. 먼저 이해하고, 사랑하는 사람을 위해 양보하고 사는 것은 자존심 상하는 일이 아니란다. 민정이는 똑똑하고 현명해서 잘하리라 믿는다. 또한 결혼했다 해서 내가 하고자 하는 일을 소홀히 하지 말거라.

아들 또한 오늘이 있기까지 부모로서 잘해주지도 못했는데 어려운 고난과 역경 없이 무난히 잘 성장해주어서 정말 고맙고 사랑한다. 부부간 화목하고 양가 부모님 잘 모시고 친구, 직장 등 타의 모범이 되어 잘 살아가는 사람이 되거라.

끝으로 사돈께서 저희 가족의 구성원이 되어주셔서 정말 기쁘고 고맙습니다. 그동안 애지중지 키워온 따님을 시집보내는 이즈음에 한편으로는 섭섭함도 있으시겠지만 우리 승원이 아들 하나 얻었다 생각하시고 혹시 잘못한 일이 있을 때면 충고도 하시고 훈계도 해주셨으면 합니다.

바쁘신 데도 불구하고 저희 결혼식에 시간을 내어 먼 걸음을 해주신 데 대해 양가 친지분들과 하객분들께 고마운 마음과 감사를 드립니다. 준비한 음식 많이 드시고 오신 길 잘 살펴 가시길 바랍니다. 감사합니다.

사위에게.

사위 조승원. 먼저 우리 가족이 된 것 진심으로 환영한다. 모든 딸 가진 부모 마음이 다 그렇듯, 딸을 시집보내는 이 시간이 많이 섭섭하고 서운하지만, 내 딸이 자네를 사랑하고 평생을 같이할 사람으로 결정한 것을 존중하고 두 사람의 사랑과 소망을 믿네.

지금까지 다른 환경에서 보낸 시간이 있어 살다 보면 서로 생각이 다를 수도, 의견이 충돌할 수도 있을 걸세. 다툼이 있을 때는 내 탓이오 하고, 기분이 상할 때는 상대방의 입장에서 이해하며 조 서방의 넉넉한 가슴으로 안아줌세. 하나하나 퍼즐을 맞추듯 장단점을 보완하면서 지금 이 순간의 첫 마음을 앞으로도 영원히 변치 않고 이어가길 바라네.

내가 하고 싶은, 아니 당부하고 싶은 말은 이제는 내 딸이 아니라 자네의 아내가 되어 평생을 같이할 우리 민정이, 잘 부탁하네. 내가 못 다한 사랑 아쉬움이 많지만 자네가 더욱 많이 사랑해주고 아껴줄 거라 믿고 딸을 맡기네.

마지막으로 이렇게 예쁘게 키운 딸 시집보내는 마음이 많이 섭섭할 애들 엄마에게도 감사하고 수고했다는 말 전하고 싶습니다. 또한 이렇게 멋지게 키운 아들을 제 사위로 보내주신 두 분 사돈과 신랑·신부 두 사람의 앞날을 축하해주기 위해 참석해주신 양가 가족 친지 여러분들께도 감사 말씀 올립니다. 고맙습니다.

식장세팅

딩동,
웨딩 음악이 도착했습니다

하객으로 수많은 결혼식장엘 들락거리면서도 신부의 드레스는 볼지언정 흐르는 음악에 귀 기울여본 기억은 없다. 청첩장이나 웨딩 사진에 대해서는 뜬구름 잡는 식으로나마 어떻게 하고 싶은지 나름의 그림이 있었고, 식순 또한 뭉뚱그려 주례 없는 결혼식을 하겠다는 정도라도 생각해둔 바가 있었지만, 음악은 상상조차 해본 일이 없었다.

나는 또다시 폭풍 고민에 빠졌다. 일반 결혼식에서는 비용만 내면 웨딩홀에서 연주팀을 지원해주기도 하지만, 이건 작은 결혼식이었다. 신랑·신부가 모든 것을 준비해야 하는 작은 결혼식. 그 모든 것에는 음악까지(!) 포함되어 있고 말이다. 음악은 드러나지는 않지만, 결혼식의 분위기를 좌우하는 결정체였기에 결코 가벼이 여길 수도 없었다.

불행 중 다행이라면 연주팀까지는 고려하지 않아도 됐다. 일흔 명의 하객과 레스토랑에서 올리는 작은 결혼식이었으므로 현악 몇 중주라든지 다인조 밴드를 초청하는 건 배보다 배꼽이 더 큰 격이었다. 일찌감치 MR을 틀기로 노선이 정해진 터라 나는 오직 선곡만 하면 되었지만, 그마저도 쉽지가 않았다.

물론 인터넷에서 '추천 웨딩 음악'을 검색해 그대로 갖다 쓰면 간단했다. 그러나 우리 결혼식과 어울릴지가 의문이었다. 결국, 하나씩 들어본 후에 고르는 수밖에 없었다. 나는 깐깐한 프로듀서의 얼굴을 하고서 귀를 쫑긋 세운 채 음원을 일일이 들어보았다. 괜찮다 싶으면 신랑에게 공유하고 의견을 물었지만, 그는 내 마음을 아는지 모르는지 자꾸만 킬을 놨다. 급기야 나는 '이 음악이 저 음악이고, 저 음악이 이 음악'인 코마 상태에 이르고 말았다.

- 혹시… 오빠 주변에 음악 좀 아는 사람 없어? 아무래도 도움을 청하는 게 낫지 싶어.
- 그래? 알아볼게. 애썼어, 정아!

　　그 한마디를 듣기 위해 아침부터 나는 그렇게 분투했던 것이다! 며칠 후, 신랑에게서 장문의 카톡이 왔다. 곡명과 아티스트명이 빼곡히 나열된 걸로도 모자라 '몇 분 몇 초부터' 틀 것인지까지 신경을 쓴, 섬세하고도 친절한 메시지였다. 신랑 친구 정보현 오빠의 작품이었다.

　　곡들은 저마다 강약중강약이 있었다. 식순에 따라 힘을 주었다 뺐다 한 것이었다. 레스토랑의 느낌과도 잘 어우러졌고, 단란한 결혼식 분위기에도 마침맞았다. 호사스럽지도 않으면서 그렇다고 묻히지도 않는, 신랑의 절친이기에 가능한 내러티브가 음악 목록에 오롯이 담겨 있었다. 그렇게 'Music In My Wedding'이 마침내 꾸려졌다. 평생 잊을 수 없는 음악 선물을 받은 셈이었다.

Music In My Wedding,
웨딩 음악 리스트 (by 신랑 친구)

● He says…

"결혼식 준비로 정신없이 바쁜 데다 원체 낭만과는 거리가 먼 신랑이기 때문에, 이 특별한 결혼식에 어떤 배경음악이 어울릴까 고민만 좀 대신했을 뿐이다. 그리고 기왕이면 오랜 친구의 진심 어린 축하와 응원, 그리고 부러움(?)을 전해주고 싶었다."

● 본식 배경음악

신랑·신부 입장
Kryzler & Kompany(Wagner Lohengrin), 'Wedding March'

색다른 장소, 새롭고 신선한 방식의 결혼식을 오로지 두 사람의 손으로 준비한 신랑·신부. 이들의 열정과 에너지에 어울리는, 힘차고 세련된 음악이 울렸으면 했다. 게다가 신랑의 육중한 덩치는 조용한 현악기와는 도무지 어울리지 않으니까. 언제 들어도 아름답고 가슴 설레는 오페라 '로엔그린'의 결혼 행진곡이지만, 그날 신부의 눈부신 미모를 꾸미기엔 턱없이 모자란 음악이었다!

사랑의 서약 및 부부사명서 낭독
Haneda Ryoko, 'Love Cookie'

애잔하게 흘러가는 피아노 선율이 사랑의 서약과 부부사명서를 읽는 신랑·신부의 목소리를 방해하지 않으면서도 잔잔한 배경으로 공간을 채워준다. 일본인 피아니스트 하네다 료코는 이 곡에 대해 '사랑의 시작을 알린다'고 설명했는데, 식순과도 절묘하게 들어맞지 않는가?

아버지들의 편지
영화 〈가족의 탄생〉 OST, 'Love Theme'

양가 아버지들께서 신랑·신부에게 전하는 편지. 그 내용이 신랑·신부뿐만 아니라 하객들에게 오롯이 전달되기 위해서는 화려한 곡보다 느리게 진행되는 기타 연주 음악이 적합하리라 판단했다. 과연 '러브 테마'라는 제목만큼이나 아버지들이 사랑하는 아들, 딸에게 보내는 목소리와 잘 어우러졌는데, 이 곡은 1분 30초 정도로 짧지만 여운이 무척 긴 게 특징이다.

예물 교환
영화 〈노팅 힐〉 OST, 'She'

'그녀'를 향한 노랫말이 인상적인 곡. '내 삶의 의미는 바로 그녀'라는 마지막 가사가 결혼식의 하이라이트인 예물 교환을 더욱 빛나게 해준다. 전주부터 틀어도 좋지만 절정이 시작되기 전 간주부터가 결혼 분위기를 북돋으므로, 본식에서는 1분 10초가량부터 재생했다.

감사의 인사 및 퇴장
양방언, 'Golden Rose'

양방언은 제주 출신의 작곡가다. 재일교포지만 항상 제주에 각별한 애정을 드러내왔고 제주 사람이라는 것을 자부심으로 삼아온 음악가다. 그래서인지 유려한 멜로디와 호쾌한 진행이 매력인 그의 음악은 제주도와도 많이 닮아 있다. 바다 건너 인연을 맺고 이제 제주에서 새로운 출발을 하게 될 두 사람의 앞날도 이 음악처럼 창창하고, 순조롭고, 또 감미로웠으면 싶어 고른 곡이다.

- **본식 전후 배경음악**

  1 Jean-Pierre Rampal & Claude Bolling, 'Irlandaise(봄처녀)'
  2 Modern Swings, 'Falling In Love'
  3 DJ Okawari, 'Flower Dance'
  4 Pink Martini, 'Sympathique'
  5 DJ Okawari, 'You Gotta Be(Feat. Amadori)'
  6 Firehouse, 'When I Look Into Your Eyes'
  7 Firehouse, 'Love Of a Lifetime'
  8 영화 〈이보다 더 좋을 순 없다〉 OST, 'For Sentimental Reasons'
  9 Hugh Grant, 'Way Back Into Love'
  10 Michael Ponti, 'Rubinstein: Melody In F Major Op.3-1 (루빈스타인: 바장조의 멜로디 작품번호 3-1)'
  11 Isabel Mourao, 'Brahms: 16 Waltzes No.15 In A Flat Major Op.39 (브람스: 16개의 왈츠 15번 내림 가장조 작품번호 39)'
  12 101 Strings Orchestra, 'Mendelssohn: Auf Flugeln Des Gesanges Op.34-2(멘델스존: 노래의 날개 위에 작품번호 34-2)'
  13 클래식재즈피아노, 'Mendelssohn: A Midsummer Night's Dream Op.61 - IX. Wedding March(멘델스존: 한여름밤의 꿈 작품번호 61- 9번. 결혼 행진곡)'
  14 Jean-Francois Paillard, 'Pachelbel: Canon And Gigue In D Major - I. Canon(파헬벨: 캐논과 지그 라장조 - 1번. 캐논)'
  15 Ian Watson & Neville Marriner & Academy Of St Martin-In-The-Fields, 'Bach : Secular Cantatas BWV.208 - Sheep May Safely Graze(바흐: 사냥 칸타타 - 양들은 편히 풀을 뜯고)'
  16 피아노 클래시컬, 'Wagner: Lohengrin - Wedding March (바그너: 로엔그린 - 결혼 행진곡)'
  17 루시드 폴, '꽃은 말이 없다'

Music In My Wedding

식장세팅

"하객 여러분이
　　직접 소중한 순간을 찍어주세요!"

사실 애초부터 전문 사진작가를 염두에 두었던 건 아니었다. 내가 정말로 하고 싶었던 건, 식전 동영상에 '저희 결혼식 현장을 여러분의 휴대폰 카메라에 담아 보내주세요. 평생토록 소중하게 간직하겠습니다'라고 커다랗게 박아 넣어, 하객들의 사진으로 결혼식 추억을 남기는 일이었다. 그러면 구도로 보나 느낌으로 보나, 각기 다른 사진을 수백 장 얻는 셈이었으니 꽤나 재미난 경험일 것 같았다. 하객 입장에서도 결혼식을 참관만 하기보다는 이런 식으로나마 참여하는 쪽이 훨씬 즐겁지 않을까 싶기도 했다. 전문가와 일반인의 작품은 분명 다를 테지만 조금 어설프더라도 후에 이야깃거리가 많은 편이 좋았고, 그건 맨 처음 작은 결혼식을 작정했을 때의 이유와도 비슷했다.

그러나 생애 딱 한 번의 결혼식이니만큼 플랜 B를 함께 가져가기로 했다. 사진 찍어줄 사람을 한 명 정해두기로 한 것이다. 친구 손에 카메라를 쥐어주어도 되었지만 꽃단장하고 나타날 내 친구들에게도, 타 지역에서 먼 걸음 할 신랑 친구들에게도 일거리를 맡기고 싶지는 않았다. 어차피 결혼식 전날엔 레스토랑 영업이 끝난 후 가능한 한 빨리 식장을 세팅해야 했으므로 어쩔 수 없이 그들에게 출동 요청을 해야 했다. 그러니 결혼식 당일만큼은 그들이 그저 편히 먹고 놀다 갔으면 했다. 전문 사진작가에게 의뢰할 생각은 그래서 하게 된 것이다.

문제는 당초 예산에 없던 항목이라 비용을 최소화해야 하는 점이었다. 그즈음 사진작가를 매칭해주는 온라인 사이트를 알게 됐다. 스냅퍼(www.snaaaper.com)란 곳이었다. 지역별로 이미 왕성하게 활동 중인 작가들이 많았다. 포트폴리오가 있어 작가들의 스타일을 가늠할 수도 있었다. 무엇보다 거품을 쪽 뺀 가격대가 마음에 들었다. 대체로 10~20만 원 선에 포진되어 있었던 것. 돈을 벌기 위한 목적보다는 그냥 사진이 좋아 누군가의 특별한 순간을 찍어주려는 사람들이었다. 적어도 내가 만난 박찬성 작가는 그랬다.

박 작가는 결혼식 며칠 전부터 수차례 전화를 걸어와 "신부님, 이것 챙기세요. 저것 챙기세요"라며 나보다 애를 태우더니, 결혼식 날까지도 나보다 일찍 메이크업샵에 도착해 찰나를 놓칠세라 종일 셔터를 눌렀다. 애초 원판 사진은 하지 않을 것이었는데도, 그는 "결혼해보니 따로 시간 내어 가족사진 찍기가 어렵더라"며 일단 찍어두자 했고, 잘 나온 사진은 액자에 넣어 정성껏 포장해 부산 친정과 제주 시댁으로 보내주기도 했다. 굳이 하나하나 열거하지 않아도 그날의 사진을 가만히 들여다보고 있자면 그의 선량한 마음이 고스란히 느껴진다.

포토그래퍼 매칭 플랫폼, 스냅퍼

MY SMALL WEDDING TIP

소비자와 프리랜서 사진작가를 중개해주는 온라인 사이트. 일반적으로 촬영비용에는 기본 촬영비에 인화료, 수수료가 포함되는데 수수료는 정해진 기준이 없어 촬영비용 자체가 '부르는 게 값'인 경우가 많다. 이에 수수료를 대폭 낮춰 소비자들로 하여금 10~20만 원 정도의 합리적인 비용으로 실력 있는 작가들을 직접 섭외할 수 있도록 한 것.
어느 작가에게 의뢰해야 할지 감이 잡히지 않더라도 고민할 필요가 없다. 마치 주소를 넣으면 길을 알려주는 내비게이션처럼 자체 검색창에 일정, 지역, 행사 종류를 선택하면 내가 원하는 작가의 범위를 확실히 좁혀준다. 한 사람, 한 사람 포트폴리오를 살펴본 후 마음에 드는 작가에게 컨택하면 끝. 연계 사이트인 스냅퍼샵(www.snaaapershop.com)에서 식전 동영상, 모바일 청첩장, 사진 인화 등을 할인된 가격으로 제공해주기도 하니 관심 있는 예비부부들은 참고하시길.

식
장
세
팅

나의 작은 결혼식, 품앗이를 하다

결혼식장 세팅에는 물적 자원만큼이나 인적 자원도 중요하다. 결혼식이 무난하게 흐를 수 있도록 도와줄 '요원'이 있어야 한다. 필요한 진행 요원은 결혼식을 어떻게 하느냐에 따라 달라지겠지만, 일반적으로 다음과 같이 정리할 수 있다.

주례, 사회자, 사진, 영상, 음향(마이크), 음악(연주/MR), 하객 좌석 안내, 축가, 축의금 담당, 신부 들러리, 신부 도우미(가방 보관/메이크업 수정), 부케 받을 친구.

웨딩홀이 아닌 장소에서 결혼식을 올리는 경우에는 결혼식 전날 세팅 도우미도 염두에 두어야 할 것이고, 폐백과 피로연을 할 계획이라면 폐백 도우미, 피로연 및 뒤풀이 담당까지 사전에 언질을 주어야 한다. 그리고 이 영광의(?) 임무는 주로 신랑·신부의 가족, 친척, 친구의 차지가 된다.

앞서 밝힌 대로 주례는 세우지 않기로 했고, 사회는 남동생에게 맡겼다. 부탁을 받은 동생은 "응? 매형 친구가 하지 않고?" 하며 다소 의아해했지만 "어차피 형식을 따르지 않는 결혼식이고, 양가 친척들이 주로 참석하는 가족식이니 네가 하면 더욱 의미 있을 것 같아"라고 설명하자 기쁘게 수락했다. 영상과 음향은 레스토랑에 구비된 시설이 없어 출장을 불렀고, 하객들의 좌석 안내는 내 친구와 신랑의 친구에게 각각 부탁했다. 이들은 결혼식 전날 식장을 세팅하는 데에도 밤늦도록 애써줄 인물들이었다. 축가도 부케도 폐백도 피로연도 뒤풀이도 없는, 있는 것보다 없는 게 많은 결혼식이다 보니, 라인업은 금세 끝났다. 소수 정예로 꾸려진 선발 요원들은 단연코 '나의 작은 결혼식'을 빛내준 주역이었다!

누나의 예식 사회를 맡다
(by 남동생)

MY SMALL WEDDING INTERVIEW

누나에게 사회를 맡아달란 부탁을 받고서 사실은 망설였다. 신랑 친구가 하는 게 보통의 방식이기도 했고, 행여 누를 끼칠까 봐 걱정이 되기도 했다. 누나는 작은 결혼식과 가족식을 설명하며 내가 해야 할 이유에 대해 조목조목 설명했는데 이제 와 말하지만 나는 그게 더 부담스러웠다. 그런 마음은 정복을 차려입고 마이크를 잡는 순간까지도 좀처럼 누그러지지 않았다.

식은 시작되었고 "오늘 사회를 맡은 저는 신부 김민정 양의 남동생 김태홍입니다!" 첫마디를 외쳤는데 하객석에서 "아!" 하는 탄성이 들렸다. 그제야 '잘해야겠다, 잘하고 싶다'는 생각이 번쩍 들었다. 예식 내내 누나, 매형과 눈빛을 주고받으며 호흡을 맞췄다. 그건 참 뜻깊은 경험이었다. 결혼식에서는 신부가 울어야 제맛이지만(^^) 이 결혼식에서 신부는 시종일관 웃었다. 덕분에 나 역시도 누나를 보낸다는 생각보다는 가족 파티에 참석한 기분이 들었다.

신랑·신부가 손수 만든 결혼식은 정말 특별했다. 나도 이다음에 결혼을 할 때 미래 아내의 의견을 적극 받잡을 생각이다. 어쨌든 직접 사회를 본 일은 참 잘한 것 같다. 누나와 매형이 차려놓은 밥상에 숟가락 하나 얹을 수 있어 진심으로 기뻤다.

식장세팅

끝날 때까지
끝난 게 아니다

결혼식은 어느새 하루 앞으로 바짝 다가와 있었다. 보통의 신부라면 외출을 삼가고 목욕을 하거나 마사지를 받으며 평온한 시간을 보낼 테지만, 나는 여느 날처럼 아침부터 전쟁 같은 하루를 치르고 있었다. 오후에는 빠진 건 없는지 최종 점검을 하고, 결혼식을 올릴 레스토랑의 영업이 끝난 후부터는 식장을 세팅해야 했다.

　　신랑은 신혼여행 일정을 하루 더 벌기 위해 이날까지 근무를 하고 저녁 비행기로 날아올 예정이었다. 미리 합의된 사항이었지만, 막상 내일 결혼할 신부가 혼자서 이리 뛰고 저리 뛰는 꼴이라니 스스로가 처량하게 느껴지며 문득 속상함이 밀려왔다. 그동안 원고 의뢰 들어온 걸 고사하면서까지 열일 제쳐놓고 결혼식 준비에 매달린 나와는 달리, 회사 일이 먼저일 수밖에 없었던 신랑에게 쌓인 감정이 와르르 쏟아진 걸지도 몰랐다. 직장에 매인 몸을 어찌하랴, 프리랜서인 내가 일 좀 더하면 어때, 어차피 내 결혼식인걸, 스스로 위로해봤지만 머리로는 이해되는 문장이 가슴으로는 좀처럼 삼켜지지 않았다. 그에게 따져 묻는다고 마땅한 답이 나올 리도 없었고 그럴 시간도 없었다. 그저 꾹 눌러 담는 수밖에.

'오기만 해봐라!' 벼르고 있던 내 마음의 빗장은 그날 저녁 어이없게 풀려버리고 말았다. 도착했다는 연락을 받고 내가 차를 몰아 정류장으로 데리러 가는 사이, 배고픔을 참지 못한 그가 떡볶이집 천막을 걷고 뛰어들어가 어묵 서너 개를 한꺼번에 입에 욱여넣고 있었다. 뜨거운지 연신 입을 오므리며 "퇴근하자마자 비행기를 잡아타고 오느라 쫄쫄 굶었다"며 겨우 말을 잇는 그. 오빠 너도 고생이 많구나, 안쓰러운 마음이 들었다. 또 그간 나의 극성을 받아내며 그가 할 수 있는 한 최선의 노력을 다해주었다 싶으니 새삼 고마워졌다.

다시 자동차의 가속 페달을 밟았다. 이제 레스토랑으로 돌아가 본격적으로 결혼식장을 준비할 시간이다. 끝날 때까지 끝난 게 아니므로, 심기일전, Let's go!

스몰웨딩, 우리 결혼의 첫 번째 러브스토리

식
장
세
팅

D-1,
스몰웨딩 준비 완료

영업이 끝난 레스토랑 건물은 하루 몫을 다하고 불이 반쯤 꺼져 있었다. 고요를 깨고 요원들이 속속 도착했다. 식장 세팅을 위해 도움을 요청한 친구와 동생들이었다. 그들과 함께 어둑한 식당 문을 당당히 밀고 들어갈 땐 뭔가 은밀한 일을 작당 모의한 용사가 된 것처럼 두근거렸다. 물론, 어디까지나 내 생각이다. 짬에 밀렸거나 가위바위보에서 졌거나 그도 아니면 윗선의 지시로 홀로 남아 문지기를 하게 되었을 레스토랑 직원의 마음이 나와 같을 리는 절대 없었다. 말로는 '천천히 하라!'고 했지만, 퇴근이 늦어지는 걸 좋아할 사람이 어디 있겠는가. 우리는 서둘러 각자 맡은 일을 수행하기 위해 흩어졌다.

우선, 하객들의 자리를 안내해줄 친구 둘은 미리 좌석도 파악할 겸 테이블에 네임 카드를 올려놓는 임무를 맡았다. 하는 김에 식순/메뉴 카드와 방명록, 펜도 함께 놓기로 했다. 신체 건장한 신랑 친구들은 건물에 대형 사진 현수막을 거는 일이 알맞았다. 사회를 볼 동생은 큐카드를 만들기로 했다. 출력해간 대본을 청첩장 뒷면(청첩장 앞면에는 사진이 박혀 있어, 남은 청첩장은 큐카드로 재활용하기에 안성맞춤이었다)에 붙이면 되는 간단한 공정이었으므로, 끝나면 매형 친구들을 도와 현수막 걸기에 동참하라고 일러두었다. 동영상이 잘 보이도록 빔프로젝터의 방향을 조준하는 작업은 신랑이 맡았다. 나는? 그 모든 걸 지휘하고 총괄했다. 전체를 둘러보고 빠진 게 없는지 체크했다. 아, 틈나는 대로 직원의 눈치를 살피며 요원들을 얼렀다가 독촉했다가 하는 역할 또한 내 차지였다.

"열두 시." 휴대폰의 정각을 알리는 소리가 당차게도 울렸다. 동시에 날짜도 바뀌었다. 2015년 6월 6일, 나의 결혼식 날이었다. 대망의 '그날'을 식장에서 맞이한 것이었다. 무언가 대단히 낭만적인 순간처럼 들리지만, 실상은 조금도 그렇지 않았다. 나는 작업복 차림으로 초췌하기 이를 데가 없었고, 작업복 차림의 요원들 역시 작은 레스토랑을 마치 축구 경기장 누비듯 좌로 우로 분주하게 뛰어다니고 있었다. 그러나 참 아이러니하게도 낭만과는 거리가 멀어도 한참 먼 그 순간이 나는 결혼식 준비 기간을 통틀어 가장 짜릿하고 행복했다.

　　내 소중한 사람들이 내 인생의 가장 소중한 날을 위해 밤 깊도록 애써주고 있었다. 그것만으로도 나는 이미 사랑을 가득 받는, 세상에 부러울 것 없는 신부였다. 작은 결혼식 하길 참 잘했다고 되뇌는데, 뜨거운 무언가가 목울대에 울컥 차오르는 느낌이 들었다. 빠르게 돌아가는 화면에서 나만 정지된 채 벅찬 감동을 느꼈던 그 장면이 여태 선연하다.

　　짧게는 십여 년, 길게는 수십 년 세월을 함께해온 친구, 동생들이었다. 콩떡같이 말해도 찰떡같이 알아듣는 정예 요원들 덕분에 레스토랑은 '식당 티'를 벗고 '식장 옷'으로 빠르게 갈아입고 있었다. 이제 슬슬 정리하자고 외쳤다. 레스토랑 앞 입간판용 칠판에 분필로 쓱싹쓱싹 알림 글만 얼른 적고서 마침내 철수했다. 건물은 다시 불을 끄고 고요를 찾았다. 몇 시간 후면 가장 빛나고, 가장 생기가 넘쳐날 곳이었다.

본식

보름달 신부 납시오

결혼식 전날 밤 기분은 어떨까? 잠은 잘 올까? 긴장된 나머지 뜬눈으로 보내지는 않을까? 상상을 했더랬다. 친구 결혼식에 가면 "어젯밤엔 잘 잤어?"라고 묻는 게 인사일 정도였으니까. 열에 아홉은 뒤척였다고 했고, 열에 하나는 꼬박 지새웠다고도 했다.

나로 말하자면… 꿀잠을 잤다. 눈 감고 뜨는 순간까지 1초도 남김 없이 푹 자고 일어났다. 아마도 전날 자정까지 하얗게 불태우며 노동한 덕분(?) 일 것이었다. 말간 기분으로 기지개를 켜며 욕실로 직행했다. 잠시 후, 칫솔을 물고 거울을 들여다본 나는 그만 경악하고 말았다. 거울에 웬 보름달 하나가 두둥실 떠 있는 게 아닌가! 원체 잘 붓는 체질이기도 한 데다 밤늦도록 설쳐 댔으니 그럴 만도 했다.

빵빵해진 내 얼굴은 메이크업샵 언니에게도 비상이었다. 셀프 웨딩 촬영을 한 날, 나를 한 차례 본 적 있는 그녀는 화들짝 놀라며 "그새 살이 쪘느냐?"고 물었다. "그럴 수도 있지만 일단은 부은 것 같다"고 말하는 내게 언니는 냉장고에서 꺼내온 마스크팩을 황급히 얼굴에 붙여주었다. 긴급 처방을 하긴 했지만, 한순간 쏙 내릴 부기가 아니었다. 달이 차고 비는 건 오로지 시간이 해결해줄 일이었다.

친구 박혜진은 "결혼식을 하는 동안 부기가 조금씩 빠져 신부가 비로소 예뻐졌다"고 했는데 세상에, 예쁜 신부도 아니고 예뻐진 신부라니! 그건 이전에도 이후에도 들어본 적 없는 말이었다.

본식 당일 챙겨야 할 모든 것

MY SMALL WEDDING LIST

얼굴이 붓지 않아도(!) 본식 당일 아침, 신부는 정신없이 바쁘다. 더욱이 식을 마치고 곧바로 신혼여행을 떠날 예정이라면 그야말로 불난 호떡집이 따로 없을 터. 미리미리 준비해두어야 탈이 없다. 결혼식부터 신혼여행까지, 그동안의 노력이 아름다운 결실을 볼 수 있도록 '본식 당일 챙겨야 할 모든 것'을 정리했다.

● **결혼식 진행 요원**

□ 주례
□ 사회자
□ 사진
□ 영상
□ 음향(마이크)
□ 음악(연주/MR)
□ 하객 좌석 안내
□ 축가
□ 축의금 담당
□ 신부 들러리
□ 신부 도우미(가방 보관/메이크업 수정)
□ 부케 받을 친구
□ 폐백 도우미
□ 피로연 및 뒤풀이 담당

● **결혼식 준비물**

☐ 웨딩드레스, 턱시도
☐ 웨딩슈즈, 구두
☐ 애프터드레스
☐ 귀걸이 등 주얼리
☐ 예물(결혼반지, 커플링)
☐ 부케, 부토니에
☐ 포토 테이블용 사진 액자
☐ 식전 동영상 파일(필요시 노트북도!)
☐ 사진 현수막
☐ 사랑의 서약서, 성혼선언문
☐ 식순/메뉴 카드, 네임 카드, 방명록, 펜
☐ 각종 사례비
☐ 축의금 봉투 및 여분의 펜
☐ 수정 메이크업 도구
☐ 예비 스타킹
☐ 흰 장갑
☐ 한복
☐ 피로연용 정장, 구두
☐ 폐백 음식
☐ 웨딩 케이크

● **신혼여행 준비물**

☐ 여권
☐ 비자
☐ 항공권
☐ 호텔 바우처
☐ 지도 및 가이드북
☐ 환전한 여행 경비
☐ 교통패스 및 관광지 티켓
☐ 옷(외출복, 속옷, 잠옷)
☐ 양말
☐ 신발, 슬리퍼
☐ 선블록
☐ 모자, 선글라스
☐ 손가방 혹은 작은 가방
☐ 세면도구, 화장품
☐ 마스크팩, 휴대용 미스트
☐ 비상약, 여성용품
☐ 손수건, 물티슈
☐ 우비, 우산
☐ 멀티어댑터
☐ 로밍
☐ 여행자 보험
☐ 카메라 및 리모컨, 셀카봉, 삼각대
☐ 허니문 셀프 웨딩 촬영용 드레스, 정장
☐ 허니문 셀프 웨딩 촬영용 웨딩슈즈, 구두

본식

드디어, 마침내,
나의 작은 결혼식

　　영화가 아닌 이상 시나리오대로 흘러가는 계획이란 없다. 하객 수를 줄이고 또 줄였건만 우려대로 정원을 초과하고 말았다. 자고로, 응당, 기쁜 날에는 우르르 몰려가 축하해주는 게 당연하다는 몇몇 분들의 선의 덕분에 손님을 맞던 부모님은 갑자기 자리를 마련하느라 바빠지셨다. 예상 밖으로 날씨가 선선해, 묶어두었던 테라스 석을 활용할 수 있었던 건 참으로 다행한 일이었다.

　　이윽고 결혼식이 시작됐다. 신랑의 팔짱을 끼고 입장해 식순을 차례로 이어나갔다. 신랑이 "힘닿는 데까지 2세를 만들어 국가발전에 이바지하겠다"는 서약을 읽을 땐 좌중 웃음이 터졌고, 아버지들이 편지를 낭독하는 대목에선 여기저기서 훌쩍거리는 소리가 들렸다. 하객들은 가족이거나 절친한 친구들이었으므로, 나의 결혼식을 진심 어린 눈빛으로 지켜보고 순간순간 뜨겁게 몰입해주었다. 이 또한 작은 결혼식의 엄청난 매력이었다.

　　15분 남짓 짧은 예식을 치른 후, 하객들의 테이블에 본격적으로 요리가 차려졌다. 그들이 식사를 즐기는 동안 우리는 레스토랑을 돌아다니며 인사를 드렸다. 후다닥 얼굴만 비치는 식이 아니라 한 분 한 분 눈을 맞추고 찬찬히 덕담을 들었다. 친구들이 모여 있는 자리에 가서는 아예 한 좌석 꿰차고 앉아 음식을 먹으며 이야기를 나누기도 했다.

그즈음 특별한 후식이 나왔다. 시부모님께서 제주산 감귤과 오메기떡을 가져오셨는데 레스토랑 측에서 기꺼이 서빙을 해주었던 것이다. 제주로 시집가는 며느리를 위한 시부모님의 센스 만점 이벤트는 가히 폭발적인 반응을 불러왔다. '잊지 못할 맛의 감귤과 오메기떡'으로 내 결혼식을 떠올리는 친구가 있을 정도니 말이다.

기억하시는지?
첫째, '혼인을 알리는 이벤트'가 아닌 '우리가 주인공이 되는 파티'에 의미를 둔다.
둘째, 새 출발을 향한 진심 어린 응원을 해줄 가족과 소수의 절친만 초대한다.
셋째, 하객도 함께 즐기는, 단란한 결혼식을 한다.
넷째, 우리가 파파 할머니·파파 할아버지가 되어서도 반추하며 웃을 수 있는 추억을 만든다.
다섯째, 그러므로 결혼식의 A to Z는 철저히 셀프 시스템을 가동한다.

결혼을 결심하던 날 작정한 첫 마음이었다. 나의 작은 결혼식은 그 마음을 그대로 펼쳐놓은 모습과 같았다. 우리가 주인공인 결혼식이었고, 가족과 절친의 축복 속에 이루어진 단란한 결혼식이었고, 전날 자정까지 레스토랑에 나가 식장을 꾸민 온전한 셀프 결혼식이었다.

처음엔 낯선 예식 장면에 의아해하던 하객들도 시간이 지날수록 서서히 분위기에 물들어갔다. 평범하지 않은 결혼식에 고개를 갸우뚱했던 친척 어른들도 나중에는 결혼식 이모저모를 휴대폰으로 찍으며 '우리도 이렇게 하면 좋겠다'고 하셨다. 우리의 유별난 고집이 정당하게 인정받은 것 같아 뿌듯했다. 신랑과 나는 소리 나지 않게 하이파이브를 했다. 전문가 없이 오로지 우리 손으로 꾸민 결혼식인데 허점이야 왜 없었겠느냐마는, 우리는 완벽한 행복을 맛보았다. 그것으로 충분했다. 결혼식과 성공이란 말이 썩 어울리는 조합은 아니지만, 그것만으로 나의 작은 결혼식은 대성공이었다.

■ 본식

엄마 품을 떠나는 게 아니라,
엄마 품에 아들 하나 안기는 것

　　　마지막 하객의 뒷모습이 사라질 때까지 손을 흔든 후에야 결혼식의 공식 일정이 끝났다. 어젯밤 식장 세팅을 도와준 요원들이 식장 철수까지 도맡아주었고, 그사이 우리는 레스토랑의 잔금을 치르는 것으로 비공식 일정까지 마쳤다. 이제 곧 신혼여행을 떠나기 위해 인천공항으로 향할 것이었다. 편안한 옷으로 갈아입고는 부모님 차에서 짐을 내리기 위해 다가갔다.

　　　엄마의 얼굴을 보는 순간, 돌연 눈물이 후드득 떨어졌다. 결혼식은 파티처럼 즐거웠고, 내도록 웃기만 한 신부였기에 아무도 예상하지 못한 그림이었다. 나조차도 예상치 못한 일이었다. '왜 그래? 영영 헤어지는 거 아니잖아?' 암만 맘을 꾹꾹 다져먹어도 한 번 열린 수도꼭지는 멈출 줄 모르고 콸콸 쏟아졌다. 그제야 내가 결혼했다는 사실, 이제는 정말로 엄마의 품을 떠난다는 사실이 '사실로' 다가온 것이었다. 작은 결혼식의 유일한 단점(?)이라면 너무나 단란한 나머지, 결혼식이 결혼식처럼 여겨지지 않는다는 점이랄까? 그 모습을 지켜보던 동생 민경, 태홍의 눈시울도 붉어졌다. 그러나 언제나 우리보다 단단했던 엄마는 나를 한 번 꼬옥 안아주고는 어서 가라는 손짓을 했다. 섭섭함을 들키지 않으려는 엄마만의 방식이었고, 나는 그것을 지켜주고 싶었다.

"잘 다녀올게요! 장인어른, 장모님!" 꺼이, 꺼이, 숨이 넘어가는 통에 말을 잇지 못하는 나를 대신해 신랑이 크게 인사를 했다. "선물 사오는 것 잊지 마!" 두 동생의 뜬금없는 소리에 피식 웃음이 났다. "울다가 웃으면 엉덩이에 뭐 난대요~!" 두 동생과 신랑이 짓궂게 놀렸다. 그날부로 우린 사 남매가 된 셈이었다. 2녀 2남의 사 남매.

결혼은 엄마 품을 떠나는 것이 아니라, 엄마 품에 아들 하나를 더 안기는 것이라 생각하기로 했다. 그 편이 훨씬 마음에 들었다.

두 아이의 정성이 깃든
결혼식을 지켜보며 (by 신부 엄마)

- 나는 결혼 안 해!
- 한다면 국제결혼 할 거야!
- 아니면 양가 직계가족만 함께 하와이로 여행 가서 거기서 결혼할 테야!

민정이는 결혼에 대해서는 그렇게 현실감 없는 말들을 쏟아내곤 했다. 아직 철이 안 들었나, 장녀라 하고 싶은 것들을 다 하고 살도록 내가 내버려두어서 그런가, 내심 근심스러웠다.

그러다 아이는 서른을 넘겼다. 더 늦기 전에 결혼을 했으면 싶을 무렵, 결혼을 하겠다고 했다. 어떻게 갑자기 생각을 뒤집은 것인지 의아했지만 다행이었다. 저토록 자유롭게 살던 아이가 어떤 결혼 생활을 꾸려갈지 걱정이 되면서도 기대감이 컸다. 30년을 마음껏 누렸으니 이제는 짝 찾아 남들 사는 대로 부대끼며 사는 맛도 알아야지 생각했다.

어렵게 내린 결정이었을 테니, 제주 가서 살겠다는 말에도 구태여 말을 덧붙이지는 않았다. 제주는 나의 고향이자 어릴 적 14년의 시간이 있는 곳이었다. 아이는 제주라는 섬을 외할머니의 냄새이자 품으로 기억하고 있었다. 친정과 뚝 떨어져 지내는 게 결코 녹록지는 않을 일이지만, 그게 제주라면 괜찮을 성싶었다.

아이는 스몰웨딩이란 것을 하겠다고 했다. 허례허식을 걷어낸 작은 결혼식이란다. 나 역시 숱한 결혼식을 다니면서 기계로 찍어낸 듯한 결혼식, 인스턴트로 휘감아치는 뷔페 음식에 회의감을 느끼곤 했었다. 둘의 결정에 은근 기대가 컸다.

그날 이후, 아이는 한 달여 이상을 책상에 앉아 씨름을 했다. 그저 돈으로 해결하면 쉬울 일을 자기 손으로 만들겠다고 끙끙대는 모습이 안쓰러운 순간도 있었다. 그럴 때면 마치 고3 수험생을 보는 어미 심정이 되고는 했다.

그렇게 아이들이 손수 꾸민 예식은 정말로 좋았다. 결혼식에 초대하지 않았다고 몇몇 지인들의 쓴소리를 들어야 했는데, 두 아이의 지혜와 정성이 깃든 이 멋진 결혼식을 더 많은 분들에게 보여주지 못해 오히려 내가 아쉬웠다! 그렇다고 특별한 게 있는 건 아니었다. 식장이며 식순 모두 그저 두 사람이 하고 싶은 이야기만 담백하게 담았을 뿐이었다. 깔끔하고 정갈한 게 마음에 들었다. 장녀다운 완벽한 연출이었다.

모든 이들이 좋은 결혼식이었다고 입을 모았다. 이 모든 것이 아이들의 작품이란 게 더없이 기특했다. 용기 있는 결단과 끊임없는 대화로 결혼식을 치른 두 사람이기에 그들 앞에 펼쳐진 삶 역시 용기 있게, 지혜롭게 헤쳐나가리라 믿는다.

소박했던, 행복했던
그녀의 스몰웨딩 (by 신부 친구)

언젠가부터 스몰웨딩이 대세가 됐지만, 그 훨씬 전부터 소박한 결혼식을 소원했던, '웨딩 얼리어답터' 그녀였다. '스몰'을 단순히 규모로만 이야기하면 아쉬울 터, 평소 그녀의 모습을 닮은 결혼식은 '일생에 단 한 번뿐인 결혼'에 갖은 치장을 하지 않아도 충분히 빛나고 아름다웠다.

그녀의 결혼식장은 광안대교가 바라다보이는 부산의 한 이탈리안 레스토랑이었다. 입구에서는 신랑·신부가 부모님과 함께 하객을 맞이하고 있었다. 신랑·신부가 아니었다면 양가 부모님이란 걸 까맣게 모를 뻔했다. 한복이 아닌 양장 차림의 그분들을 보고 어떻게 혼주라 알아볼 수 있었겠는가!

식장 입구에 진열된, 리모컨으로 완성한 셀프 웨딩 사진도 압권이었다. 상기된 표정의 신혼부부 사이에 그녀의 반려견 '짱'이 들러리로 섰고, 배경이 된 녹음은 그 향기까지 전해지는 듯 짙고 은근했다.

이윽고 탁 트인 바다를 배경으로 그녀의 웨딩마치가 시작됐다. 식은 간결했다. 애써 무언가 보여주려 하지 않았다. 이 또한 그녀다웠다. 빈티지 웨딩드레스를 입고 배우자의 이름을 새긴 커플링을 나눠 꼈다. 자주 만나지 못했던 친구들과 따뜻한 식사 한 끼 나눌 수 있는 시

간으로 그녀의 작은 결혼식이 채워졌다. 어느 노랫말처럼 '소박했던 행복했던' 순간이었다. 입가심으로 신랑 측에서 준비한 오메기떡과 감귤 몇 덩이를 입에 넣고 나니, 그녀가 꾸려나갈 제주 새댁으로서의 삶이 더욱 기대됐다. '그래, 잘 살아라!'

내 친구 김민정의 인생엔 늘 그녀만의 프로젝트가 있었던 것 같다. 이는 여느 '인생 숙제'가 아닌, 자기다움을 잃지 않고자 하는 그녀만의 삶의 방식이라고 생각한다. 새로운 시작을 자기답게 해내는 그녀를 보면서 결혼으로 빚어낼 새로운 프로젝트가 기다려진다. 그녀의 모든 재능과 기지, 그리고 성심을 담아낸 결혼식에 초대돼 영광이었다. 덕분에 즐거운 식사를, 추억할 이야기와 재연하고 싶은 명장면을 담아간다.

- 나만 솔로, 성현 씀

Epilogue

스몰웨딩,
결혼식 그 이상의 의미

결혼식을 올린 지 반년이 흘렀다. 그동안 이 책의 원고를 내내 붙들고 사느라 나는 반 농담 삼아 '6개월째 결혼식 중'이라고 얘기하고 다닌다. 썩 틀린 말도 아니다. 내 결혼식의 이모저모를 물어보거나 자신의 스몰웨딩에 조언을 해달라는 지인들의 청에도 숱하게 응하고 있으니, 나는 여전히 '결혼식'을 화두에서 내려놓지 못하고 있는 게 맞다.

그러면서 깨달은 사실이 있다. 나는 좋아하는 사람일수록 작은 결혼식을 적극 권장하고 있었다. 그건 맛있는 음식은 사랑하는 이와 나눠 먹고픈 마음과 같다. 이국의 아름다운 석양을 혼자 보기 아까워 연신 사진에 실어 나르는 일

과도 비슷하다. 스몰웨딩은 그만큼이나 만족스러운 예식이었다.

친구들은 작은 결혼식에 대해 이것저것 물어보면서도 스몰웨딩의 준 전문가가 된 내 모습을 영 낯설어했다. 결혼 소식을 알렸을 때, "다른 사람 다 가도 너만은 안 갈 줄 알았다! 배신자!"란 말을 축하 인사(?)로 들어야 했으니 딱히 이해 못할 바도 아니다. 나 역시 (다른 것도 아닌) 결혼식에 이토록 애정을 가지게 될 줄은 꿈에도 몰랐다.

작은 결혼식, 무엇이 그토록 좋길래? 지금부터는 이 질문에 대한 답을 하려 한다. 결론부터 말하자면, 스몰웨딩은 결혼식 그 이상의 의미가 있다.

의미 1. 적어도 '이 사람이 내가 알던 그 사람 맞아?' 생각하는 일은 없다

다소 허무맹랑한 이야기긴 하지만, 결혼을 했다고 해서 세계가 뒤바뀌는 일은 일어나지 않았다. 결혼이 많은 것을 바꾸어놓을 줄 알았지만, 실상 바뀐 것은 없다. 굳이 하나를 꼽으라면 '제주 새댁'이라는 별칭이 하나 생긴 거랄까. 그마저도 얼마쯤 아내를 '방목'하는 남편 덕분에 나는 육지를 자유로이 오가며 여전히 글을 쓰고 좋아하는 일을 한다. 그로 말하면? 나보다도 변한 게 없다. 여전히 출근을 하고, 가끔은 회식 자리에 불려가 늦은 귀가를 한다. 그럴 때면 투덕거리기도 하지만 주로 우리의 일상은 얌전한 고양이의 오후처럼 평온하게 흐른다.

그래서 "결혼하니 어때?" "깨소금 볶는 신혼생활은 좋아?" 하고 묻는 사람들의 인사가 나는 종종 난감하다. 일단은 웃어 뭉갰다가 어쩌다 집요하게 묻는 사람이라도 만나면 "네, 뭐, 좋죠" 하고 얼버무린다. 솔직히 말하면 결혼 전과 후에 극적인 반전이랄 건 없었다. 여전히 나의 삶, 그의 삶이 존재하고, 이따금 우리의 삶이 겹쳐질 뿐이다. 처음에는 이상하지 않은 게 이상하기도 했다. 30년을 별개로 살다가 합쳐졌는데 이상해야 정상 아닌가? 그러다 곧 깨달았다. 오래전 나는 결혼이 삶의 변곡점이 아니라 삶의 연장선이길 바랐다는 사실을, 그리고 작은 결혼식이 결혼 전후의 삶을 자연스레 잇는 다리 역할을 해주었다는 사실을 말이다.

처음부터 끝까지 둘이서 결혼식을 만들어가려면 엄청나게 많은 대화를 할 수밖에 없다. 그러다 보면 너와 나의 언어, 성향, 가치관, 라이프 스타일, 삶에서 중요한 것들까지 온갖 묵은 이야깃거리가 다 튀어나온다. 마침내 결혼식을 할 즈음이면 이 사람이 사는 법을 대충은 알게 되고, 같이 살면서부터는 서로가 가진 삶의 양식을 존중하게 된다. 결혼으로 인해 크게 변혁을 겪거나, 적어도 '이 사람이 내가 알던 그 사람 맞아?' 싶은 생각이 드는 일은 없는 것이다. 그것이 내가 생각하는 스몰웨딩의 첫 번째 의미다.

의미 2. 합이 잘 맞는 부부인가 확인할 수 있다

두 번째 의미는 첫 번째 의미와도 연관이 있는데, 결혼식을 준비하는 동안 '상대방이 결혼해도 좋을 사람인가?'를 검증할 수 있다는 데 있다. 배우자감을 고르는 것은 수능 문제 하나를 더 맞히는 것보다 백 배는 더 중요하다. 그런데 시험 문제는 그 답이 아리송할 때 '어느 것을 고를까요, 알아맞혀보세요' 하고 펜을 굴리기라도 하면서, 배우자가 될 사람은 뭔가 아리송해도 그냥저냥 넘어가는 경우가 많다. 보고 싶은 면만 보고 가는 것이다.

그러나 작은 결혼식을 하면 그럴 수가, 절대로 없다. 작은 결

혼식을 함께 준비하다 보면 연애할 때 씐 콩깍지는 금세 벗겨져 두 갈래의 길을 택한다. 깍지를 벗어도 내실이 탄탄해 이 남자를 더욱 신뢰하게 되거나, 깍지를 벗고 보니 허술하기 짝이 없어 된통 실망하거나.

결혼식을 준비하는 동안 의견 충돌이 전혀 없을 수는 없었다. 자주는 아니었지만, B형과 B형이 부딪히니 한 번 붙으면 끝장을 볼 기세로 싸웠다. 그럼 나는 자꾸만 격앙되어 감정적인 말만 잔뜩 쏟아냈는데, 그럴수록 신랑은 감정을 다스리고 해결점을 찾는 데 주력했다. 덕분에 한바탕 거사를 치르고 나면, 희한하게 나의 안도 아니고 신랑의 안도 아닌, 더 훌륭한 제3의 안이 도출되곤 했다.

아이러니하지만 나는 다툴 때 그가 좋았다. 쟁점보다 방향에 몰두하는 대화 방식이 무척 듬직했다. 이 남자라면 평생을 함께해도 괜찮겠다는 생각이 들었다. 앞으로 내 앞에 펼쳐질 삶의 시험들은 풀어본 문제보다 처음 푸는 문제가 많을 텐데, 이 사람이라면 정답은 아니더라도 해답을 같이 찾아갈 수는 있겠다 싶었다. 작은 결혼식을 통해 부부로서의 합을 점쳐볼 수 있었던 것이다. 그것이 내가 생각하는 스몰웨딩의 두 번째 의미다.

의미 3. 나의 작은 결혼식이 바꾼 가족·친구들의 결혼관

세 번째 의미는 다분히 개인적이다. 그러나 나의 결혼식을 지켜본 주변 사람들의 '패러다임 시프트'만큼 스몰웨딩의 의미를 제대로 설명해줄 만한 예도

찾기 어려운 것 같다.

단적으로 두 사람이 있다. 먼저 김태흥, 나의 남동생이다. 해야 하는 일보다 하고 싶은 일이 언제나 먼저인 누나에게 "누나, 인생을 하고 싶은 일만 하고 살 수는 없는 거야!" 일침을 놓기도 하는 녀석이다. 직업 군인이어서 내 결혼식 준비 과정을 멀찌감치 떨어져 봤기에 망정이지, 가까이에서 지켜봤다면 "누나, 결혼식을 하고 싶은 대로만 하겠다는 건 이기적이라고 생각하지 않아?" 하며 한마디 거들었을 게 분명하다. 결혼식 전날 식장 세팅을 도와주고 나서도 "누나, 설마 이게 다야? 진짜 이게 끝이야? 힝!" 했던 아이였다. 그런

그가 나의 결혼식 이후, 저다운 결혼식을 하겠다고 선언했다. 아니, 정확하게는 미래 아내의 의견을 적극 수용해 저들다운 결혼식을 하겠다는 것이다. 결혼식을 위한 결혼식이 아닌, 신랑·신부가 호스트가 되는 결혼식을 하겠다고 말이다.

두 번째는 친구 박혜진이다. 소싯적 '결혼은 미친 짓'이라며 나와 잔을 가장 많이 부딪친 인물이자, 내 결혼 소식에 가장 놀랐고 또한 가장 열렬히 축하해준 사람이기도 하다. 아마도 나의 스몰웨딩 레시피를 가장 먼저 본인의 결혼식에 적용할 주인공이 될 것도 같다. 곧 결혼을 앞둔 예비신부인 까닭이다. 그녀는 내가 기어이 뜻을 관철시켜 작은 결혼식을 완성해내는 모습을 보고, "누구나 특별한 결혼식을 꿈꾸지만, 실현하기는 여건상 쉽지가 않다. 그런데 너의 결혼식을 보며 나만의 결혼식이 옳다는 확신이 들었다. 자신감이 생겼다"고 했다. 지금 한창 예비신랑과 의견을 조율하는 중인데, 나 역시 그랬던 것처럼 초반 작업이 녹록지는 않은 모양이다. 그러나 나 역시 그랬던 것처럼 결국엔 '박혜진 스타일'의 결혼식을 올리리란 것을 안다. 마음먹으면 하고야 마는 우리의 성미가 어디 갈 리 없으니까.

나는 주변 사람들의 이러한 변화가 반갑고 기분 좋다. 나의 유별난 고집을 어쩐지 인정받은 느낌이 들어서기도 하지만, 사랑하는 가족과 친구들이 그들만의 행복한 결혼식을 올렸으면 하는 바람이 크기 때문이다.

의미 4. '사랑애' 넘어 '전우애', 그 힘으로 평생 살어리랏다!

우리는 작은 결혼식을 준비하는 동안 "이 노력이 아까워서라도 이혼은 절대 못해!"라고 우스갯소리를 하곤 했다. 모든 게 처음인 데다 작은 결혼식은 처음부터 끝까지 우리가 일일이 손을 대야 했으므로, "이 짓을 어떻게 두 번 해?"란 말이 절로 나왔던 것이다.

그런데 기이한 현상이 나타났다. 애교 없기로 소문난 내가 신랑이 지칠라치면 '호랑이 기운'이 불끈 솟아나 그를 달래고 있는 것이었다. 어느 날엔가는 신랑이 너무 지친 나머지 "그래, 정아. 남들이 스탠다드로 하는 덴 다 그만한 이유가 있는 것 같아"라고 내뱉었는데, 평소 같으면 발끈했을 내가 쓰라린 마음 안고 그를 다독이며 넘어가기도 했다. 없던 애교가 생기고, 절로 너그러워진 데는 '같이 고생하는 사람에 대한 최소한의 예의'가 한몫 단단히 했다. 일종의 전우애랄까? 공동의 목적을 가지고 갖은 시행착오를 겪으며 하나의 프로젝트를 완수하는 동안, 우리 사이에 의리 같은 감정이 자연스레 싹튼 모양이었다. 결혼을 결심하면서 그와 이런 얘기를 나눈 적이 있다. "사랑하며 살자, 사랑이 옅어지면 존경으로 살자, 존경이 흐려지면 의리로 살자, 그렇게 우리 끝까지 살자." 그 말에 따르면, 우리는 작은 결혼식을 준비하는 동안 끝까지 살아갈 힘을 얻은 셈이었다.

나와 신랑의 교제 기간은 고작 10개월. 그중 1개월은 꼬박 결혼 준비를 하는 데 보냈다. 그러나 연인으로 보낸 아홉 달보다 예비부부로 지낸 한 달간 나는

이 남자에 대해 더 많이 알게 되었고, 알게 된 만큼 더 많이 사랑하게 되었으며, 사랑하게 된 만큼 더 많이 신뢰하게 됐다. 그저 웨딩플래너의 제안에 따라 고르기만 하면 되는 결혼식이었다면 결코 경험할 수 없었을 일이다. 우리의 결혼식, 나아가 우리의 미래에 대해 오직 우리 스스로 고민하고 개척하는 과정에서 얻은 값진 선물이었으니까. 그것 말고 작은 결혼식의 의미에 대해 어떤 말이 더 필요할까?

내 여자의 결혼식, 우리의 스몰웨딩 (by 신랑)

나의 작은 결혼식의 공동 기획·공동 연출·공동 제작·공동 주연에 빛나는 유일한 파트너. 본인 생각과 달라도 끝까지 의견을 경청하는 귀를 가졌고, '그래, 해보자!'고 해놓고서 슬쩍 빠질 줄 아는 명석한 두뇌를 지녔으며, 그러면 여지없이 날아가는 나의 따발총 타박을 묵묵히 받아내는 넓디넓은 가슴을 갖춘 남자. 그러다가도 자신이 맡은 일이나 내가 매듭짓지 못한 일이 있으면 소리 소문 없이 완벽하게 끝내놓는, 여문 손을 가진 사람이기도 하다. 그가 없었다면 나의 작은 결혼식은 존재 자체가 불가능했을 것. 다음은 신랑 조승원 씨와의 일문일답이다. 스몰웨딩을 올린 소감부터 '예비신랑, 이렇게 활약하라!'까지.

Q 예비신부로부터 '스몰웨딩'을 올리자는 말을 들었을 때 어떤 생각이 들었나?

제일 처음 든 생각은 "어? 이 사람 봐라?"였다. 반감이 아닌, 반가움에서 나온 반응. 사실 나도 판에 박힌 듯 '얼굴도장 찍기'식의 결혼식은 재미없었다. 일생에 한 번뿐인 결혼식을 남들에게 보여주기 위해, 남들하는 대로 똑같이 하고 싶지는 않았다. 그러므로 신부의 제안에 내 대답은 이미 정해져 있는 거나 마찬가지였다. "콜!"

Q 우리만의 작은 결혼식을 올린 소감이 궁금하다.

호기롭게 "콜!"을 외쳤지만, 그 과정은 생각만큼 쉽지 않았다. 무엇보다 일과 병행하면서, 결혼식의 모든 것을 둘이서 감당하려니 버겁게 느껴지는 때도 있었다. 그러나 티를 낼 수는 없었다. 평소에는 허술한 구석이 있는 여자가 결혼식 준비에 몰입하는 순간 철두철미하게 바뀌었으니까. 고집도 있는 사람인데 결혼식 준비에 있어서는 의견 조율에도 적극적이었다. 그 모습이 감동적이기까지 했다. 역시 내 여자! 어찌 내가 힘든 내색을 할 수 있었겠는가.

분명한 건 스몰웨딩은 사서 고생도 아깝지 않을, 가치 있는 일이란 거다. 누구인들 본인의 결혼식이 소중하지 않겠느냐마는, 우리 손으로 하나하나 빚은 결혼식은 더없이 소중했다. 우리가 만든 청첩장으로 초대한 분들과, 우리가 계획한 시간과 장소에서, 우리가 기획한 식순대로 선보인 작은 결혼식은 그야말로 평생 잊을 수 없는 삶의 한 장면이다. 우리가 부부로서 쌓아갈 인생의 첫 페이지를 그렇게 장식한 일은 참으로 의미 있었다. 작은 결혼식을 제안해주고 함께해준 신부, 이제 나의 아내가 된 민정에게 고맙고 더 큰 사랑하자는 말을 전하고 싶다.

**Q 스몰웨딩을 하려는 예비부부에게 하고 싶은 말은?
특히, 예비신랑에게 조언을 한다면?**

무조건 믿기. 서로를 무조건 믿어주어야 한다. 작은 결혼식을 준비하다 보면 주변에서 훈수 듣는 일이 허다하다. '남들이 정형화된 결혼식 하는 데에는 그만한 이유가 있는 것'이라고. 물론 맞는 말이다. 치열하게 결혼식을 준비하다 보면 그 말이 살로 파고 들어오는 순간도 있다. 그러나 의연해야 한다. 그러려면 둘만의 믿음이 정말로 중요하다.

예비신부도 마찬가지겠지만, 특히 예비신랑의 결연한 의지(!)는 필수적이다. 둘 사이의 의견 차이, 주변 사람들의 간섭 등 많은 장애물을 뚫고 갈 유일한 무기이기 때문이다. 결연한 의지, 말만 거창하지 별거 아니다. '이 여자와 평생 남길 추억을 만든다'고 생각하면 피로감마저도 성취감으로 둔갑한다. 정말이다.

한 권의 책이 되기까지

이제 와 고백하건데, 나는 허술한 구석이 많은 사람이다. 이 책 한 권을 쓰면서 한 올 한 올이 소중한 머리칼을 얼마나 쥐어뜯었는지 모른다. 애초에 책 쓸 요량으로 준비했더라면, 그래서 순간순간을 사진으로 넉넉히 박아두었더라면 몹시 수월했겠지만, 사진이란 셀카보다 몰카 사진이 차라리 많을 정도니 말을 말아야…. 하여간 순서가 뒤바뀌는 바람에 일을 몹시도 복잡하게 해야 했다.

우연인지 필연인지 책을 쓰게 되면서 맺게 된 인연들은 하나같이 빈틈없는 사람들이었다. 21세기북스의 남연정 과장님을 만나기 전에는, 스몰웨딩이란 내 안에 머무는 한낱 경험담에 지나지 않았다. 그녀의 책 짓는 재주로 하여금 멀끔한 책이 될 수 있었다.

'웨딩 촬영 in 제주'도 그 일환이었다. 좀 더 예쁜 책을 만들기 위해 전문가의 손을 빌려 웨딩 사진을 작정하고 다시 찍었다. 책도 '보는' 시대이니, 완성도 높은 비주얼을 선사하려 했던 노력을 부디 이해해주시리라 믿는다.

그렇게 작업을 하게 된 허준호·오예원 포토그래퍼는 제주에 살고 있는 데다 부부 작가여서 컨셉을 단번에 이해했다. 처음부터 믿음직스러워 슬쩍 묻어가도 좋겠다는 얄팍한 계산을 했다. 하지만 그 생각은 첫 작업 날 산산이 부서졌다. 그들이 추구하는 건 '최선'이 아니라 '최고'였다. 의상이 마음에 들지 않으면 선뜻 제 옷을 내놓고 갈아입힐 만큼 열정적이었으므로, 제주의 오름과 바다, 숲길과 골목 후미진 데를 샅샅이 찾아다니며 도합 네 번의 촬영을 하는 동안, 나와 남편도 어느새 '수준'을 맞추기 위해 한 번 더 소품을 챙기고 포즈를 연구하지 않을 수 없었다. 어떤 날엔가는 말다툼 끝에 등 돌린 채 자고 나갔는데 두 작가가 "웃으세요! 활짝, 더 활짝! 눈이 안 웃어요!" 하고 외쳐대는 통에 누가 먼저랄 것 없이 얼굴에 주름살을 잔뜩 피우며 웃었더니, 그 밤엔 꼭 껴안고 잠든 적도 있었다. 역시, 웃어야 예쁘다. 사람도 사진도, 셀프이건 아니건.

이따금 '그래, 그랬었지' 하고 떠올릴 나의 작은 결혼식 이야기가 이렇게 근사한 한 권의 책으로 묶여 나올 수 있었던 데는, 그러니까 나의 '허술한 구석'을 감쪽같이 메워줄 '믿을 구석'이 있었던 것이다. 그들께 감사를 전한다.

고맙습니다

'나의 작은 결혼식'의 환상 콤비였던 남편, 고3 수험생 뒷바라지하듯 조마조마해하며 모든 과정을 지켜본 우리 엄마, 딸내미 결혼식이라고 핑크색 보타이까지 기꺼이 매어준 아빠, 며느리가 무얼 하든 무조건 존중하고 응원해주시는 시부모님, 신부 들러리이자 도우미이자 스타일리스트이자 일인다역을 소화해준 나의 여동생 민경, 영 부담스러워하면서도 며칠 전부터 정복 챙기고 대본 챙기며 기쁘게 마이크 잡아준 나의 남동생 태흥, 나의 작은 결혼식을 단란하게 꾸며준 일흔여 명의 하객과 그 밖에 '돕는 손길들'. 그리고 제주 새댁이 된 것을 누구보다 기뻐하실 하늘에 계신 외할머니와 합력하여 선을 이루신 하나님께 고맙습니다.

아무쪼록 이 책이 많은 예비부부들의 일생 찬란한 순간에 작게나마 도움이 된다면 무척 기쁘겠습니다. 행복하세요!

WEDDING GUEST BOOK

민정아, 정말 너다운 결혼을 하게 된 걸 축하해!
행복하고 예쁘게 살아야 해. 고민 있으면 언제든지 전화하구, 사랑해. 축하해♡
친구 혜진

사랑하는 친구, 민정아!
평생 자유롭게 살 것만 같던 니가 결혼한다는 소식을 들었을 때 놀라기도 했지만,
현명하고 똑똑한 아이라 잘 선택했을 거라 믿어. 오빠, 민정이에게 잘하셔야 해요.
진짜! 행복하게 해주세요♡
친구 기영

두 분 행복한 미소가 오래도록 있기를 기도합니다. 정말 예쁘고 아름다운 결혼식
에 초대해주셔서 감사합니다. 정말 특별한 6월 6일을 선물 받은 것 같아요.^^ 행복
하세요!
전 직장동기 해랑

'사랑이란 서로 마주 보는 것이 아니라 함께 같은 방향을 바라보는 것이다'라는 생
텍쥐페리의 말이 생각나는 두 사람이네요. 지금도 참 예쁘고 멋지지만 앞으로가
더욱 기대되는 두 분! 부산과 제주라니 너무 부럽잖아!! 예쁜 곳에서 예쁘게 자알
살아요~
전 직장동기 당영

선생님, 결혼식 너무 감동적이었어요. 누구보다 현명하게 결혼 생활 하실 것 같아
서 선생님 결혼 생활 보면서 배워야 할 것 같은 좋은 예감도 들어요. 정말 축하드
립니다. 제주도 놀러 가면 놀아주셔야 해요!
제자 리아

이토록 특별한 행사에 초대해주셔서 정말 감사드려요. 살아가며 바라보고 숨 쉬는 만큼, 두 분의 봄 햇살 같은 아름다움이 영원하기를 기도하겠습니다. 축하드려요!

제자 동길

사랑하는 우리 언니, 제주도에 형부 하나 보고 가는 것이니 외롭지 않게 두루두루 잘 보살펴주세요. 행복한 제2의 인생, 멋진 제주에서 흠뻑 즐기시길. 사랑해! 알라븀!

동생 민경

누나, 행복하게 잘 살고 이제는 우리 누나보다 매형의 아내로 성격 죽이고 살아. 그리고 매형, 저희 누나 힘들게 하고 아프게 하면 가만 안 있습니다. 정말 축하하고 우리 누나 이렇게 예쁜 줄 몰랐어! 사랑해!

동생 태훈

민정아! 엊그제 세상에 나온 것 같은데 벌써 새 가정을 이루는구나. 신랑하고 행복한 가정을 이루도록 더욱 노력!

작은 외삼촌 정재은

무조건 행복하라!
무조건 사랑하라!
무조건 또 사랑하라!

소정교회 목사 강영숙

● 스몰웨딩 A to Z 체크리스트

결혼식

- ☐ 예산 수립
- ☐ 결혼 자금 공동 통장 만들기
- ☐ 컨셉 잡기
- ☐ 결혼식 장소 선정
- ☐ 신랑·신부 예복
- ☐ 양가 부모님 예복
- ☐ 예물
- ☐ 헤어·메이크업샵 선정
- ☐ 셀프 웨딩 촬영
- ☐ 청첩장 제작
- ☐ 청첩장 전달, 발송
- ☐ 식장 세팅
- ☐ 식순 짜기, 숙지
- ☐ 혼구 용품
- ☐ 웨딩 음악
- ☐ 진행 요원 확인
- ☐ 하객 참석 확인
- ☐ 각종 예약 상황 확인
- ☐ 하객 감사 인사

신혼여행

- ☐ 회사에 휴가계 제출
- ☐ 신혼 여행지 선정
- ☐ 여행 준비
- ☐ 각종 예약 상황 확인

집안

- ☐ 벽지, 장판
- ☐ 페인트칠
- ☐ 조명
- ☐ 커튼

거실

- ☐ 소파
- ☐ 소파테이블/사이드테이블
- ☐ 방석, 쿠션
- ☐ 월플렉스
- ☐ 장식장
- ☐ 콘솔
- ☐ 거울
- ☐ TV
- ☐ 에어컨
- ☐ 스탠드 조명
- ☐ 공기청정기/제습기/가습기
- ☐ 실내용 슬리퍼
- ☐ 시계

침실

- ☐ 침대
- ☐ 협탁
- ☐ 붙박이장/옷장
- ☐ 서랍장
- ☐ 다리미
- ☐ 화장대
- ☐ 침구류(베개/커버/여름·겨울·손님용 이불)

서재

- ☐ 책상
- ☐ 의자
- ☐ 책장
- ☐ 컴퓨터/노트북

부엌

- ☐ 냉장고/김치냉장고
- ☐ 가스레인지
- ☐ 전자레인지
- ☐ 전기오븐
- ☐ 전기밥솥
- ☐ 전기포트
- ☐ 커피메이커
- ☐ 믹서
- ☐ 식탁, 의자
- ☐ 앞치마
- ☐ 냄비장갑
- ☐ 냄비받침
- ☐ 행주
- ☐ 식기세트(밥그릇, 국그릇, 접시 등)
- ☐ 수저세트(한식기, 양식기, 티스푼 등)
- ☐ 조리기구
- ☐ 도마, 칼 세트
- ☐ 냄비, 프라이팬
- ☐ 찻잔, 술잔, 컵
- ☐ 쟁반
- ☐ 밀폐용기
- ☐ 양념통
- ☐ 조미료

화장실

- ☐ 욕실용 슬리퍼
- ☐ 발매트, 핸드타올, 수건
- ☐ 욕실용품(디스펜서, 비누 케이스, 칫솔꽂이, 양치컵 등)
- ☐ 목욕용품(샴푸, 린스, 바디샤워 등)
- ☐ 면도용품
- ☐ 청소용품
- ☐ 다용도함
- ☐ 휴지통

다용도실

- ☐ 세탁기
- ☐ 빨래통
- ☐ 세탁세제
- ☐ 청소기
- ☐ 빗자루, 쓰레받기

KI 신서: 6403

작지만 로맨틱한 스몰웨딩의 모든 것
나의 작은 결혼식

1판 1쇄 인쇄 2016년 3월 3일
1판 1쇄 발행 2016년 3월 10일

지은이 김민정
펴낸이 김영곤 **펴낸곳** ㈜북이십일 21세기북스
출판기획팀장 신주영 **책임편집** 남연정 **출판기획팀** 권오권
디자인 design group ALL **사진** 허클베리 앤(허준호, 오예원), 박찬성
출판사업본부장 안형태
출판영업마케팅 이경희 김홍선 정병철 이은혜 최성환 백세희
홍보 이혜연 **제작** 이영민

출판등록 2000년 5월 6일 제10-1965호
주소 (우 10881) 경기도 파주시 회동길 201(문발동)
대표전화 031-955-2100 **팩스** 031-955-2151
이메일 book21@book21.co.kr **홈페이지** www.book21.com
페이스북 facebook.com/21cbooks **블로그** b.book21.com

© 김민정, 2016
ISBN 978-89-509-6350-7 13590

※책값은 뒤표지에 있습니다.
이 책 내용의 일부 또는 전부를 재사용하려면 반드시 ㈜북이십일의 동의를 얻어야 합니다.
잘못 만들어진 책은 구입하신 서점에서 교환해드립니다.